Christian Hlade

Wander wissen

kompakt

braumüller

INHALT

Vorwort: Wandern macht glücklich! 4

Grundgedanken zum Wandern — 6

Wandern, um den Horizont zu erweitern 8
Meine Glücksregeln für das Wandern 14
Wandern & Nachhaltigkeit 19
Nachhaltiges Wandern: Hinweise und Tipps 21

Vorbereitung einer Wanderung — 26

Planungscheckliste zur Vorbereitung einer Wanderung 29
Das beste Wander-Training 33
Wander-Karten richtig lesen 35
Gehzeiten richtig berechnen 40
Das Wanderwetter: Tipps zur Wetterdeutung 43
Wandern 2.0: GPS, Smartphone, Apps & Co 60
Versicherungen 71
Ausgezeichnetes Wandern: Wege, Orte & Unterkünfte 75
Alpine Vereine 78

Die optimale Wander-Ausrüstung — 82

Von Ausweise bis Zwiebelprinzip: Ausrüstungstipps von A bis Z 84
Packtipps für Ihre Wanderungen und Wanderreisen 115
Besser Wandern mit Öko-Labels 118

Packlisten für das Wandern ... 119
Meine Packliste für eine einfache Mittelgebirgswanderung ... 120
Meine Packliste für eine längere Tageswanderung im Gebirge ... 121
Meine Packliste für eine Mehrtageswanderung im Gebirge ... 124
Meine Packliste für eine längere Wanderreise ... 125
Meine Abreise-To-do-Liste ... 130

Die wichtigsten Wandertipps für unterwegs — 132

Richtiges Gehen & richtiges Pausen machen ... 134
Wandern in der Gruppe ... 144
Pro und Kontra von Wandern mit einer organisierten Gruppe ... 148
Verhalten auf Berghütten ... 151
Tipps und Tricks rund ums Wandern mit Kindern ... 157

Gesund und sicher unterwegs — 164

Bewegung ist die Medizin des 21. Jahrhunderts ... 166
Unfällen und Notfällen vorbeugen ... 174
Blasen, Sonnenschutz und Trinken ... 178
Erste Hilfe: Was tun bei einem Wanderunfall? ... 182
Alpine Notfälle ... 185
Die richtige Ernährung beim Wandern ... 194
Yoga für Wandernde ... 200
Meditationsübungen für Draußen ... 209

Vertiefende Infos & Links ... 220
Impressum ... 224

VORWORT

Wandern macht glücklich!

Viele Menschen entdecken gerade jetzt das Wandern als ideale, bereichernde und sehr gesunde Freizeitaktivität. Erfahrene Wanderprofis wissen ohnehin schon lange, wie gut es tut, auf Bergen, Hügeln oder in Wäldern zu wandern und den Kopf freizubekommen: Wandern macht einfach glücklich!

Die gute Nachricht: Wandern ist keine Raketenwissenschaft. Es braucht dafür weder große theoretische Kenntnisse noch hartes Training. Jede und jeder, der halbwegs gesunde Beine hat, kann wandern.
Das Unspektakuläre des Wanderns ist auch sein unschlagbarer Vorteil: Es ist sehr leicht auszuüben und man muss es nicht auf aufwändige Art und Weise erlernen. Und dennoch gilt es, Fehler zu vermeiden, die einem den Wandergenuss rasch nachhaltig vermiesen können.
Für mich war das Verfassen dieses Buches eine spannende Langstreckenwanderung mit folgendem Ziel: All meine persönliche Wander-Erfahrung in einer sehr konzentrierten und doch gut zugänglichen Form für die praktische Umsetzung aufzubereiten. Ich möchte mein Wissen gerne mit Ihnen teilen.
Einerseits, um bereits erfahrenen Wanderern Inspiration und hilfreiche Anregungen zu geben. Von der Smart Watch mit GPS über Wander-Apps bis hin zu Yoga- & Meditationsübungen und Ernährungstipps ist alles dabei. Andererseits, um auch Menschen, die gerade erst mit dem Wandern beginnen, zu ermutigen und zu animieren – damit nicht Misserfolge wie Blasen, Knieschmerzen oder verschätzte Distanzen

ein schönes Wandererlebnis verhindern. Meine praktischen Packlisten werden hoffentlich allen Wandernden das Leben unterwegs auf Tour erleichtern.

Denn auch wenn – wie zuvor beschrieben – Wandern eine relativ einfache Übung ist, kann man auch vieles falsch machen und selbst Profis können durch das Beherzigen einiger Tipps ihren Wandergenuss steigern. Wer auf einer Wanderung schon einmal zu schnell losgegangen ist und sich dann auf der ganzen Strecke nicht mehr erholen konnte, oder wer aufgrund mangelhafter Ausrüstung, falscher Schuhwahl oder schlechter – weil kniebelastender – Haltung beim Bergabgehen am nächsten Tag „all seine Sünden abbüßte", kann möglicherweise ein schmerzhaftes Lied davon singen und soll in meinem Buch Tipps finden, um solche Fehlschläge in Zukunft zu vermeiden.

Ich hoffe sehr, Sie haben Freude mit meinem Buch, können für sich Nützliches mitnehmen und damit glücklicher und sicherer unterwegs sein.

Ihr Christian Hlade

Unterwegs entlang Irlands einzigem Fjord, Killary Harbour.

TUNG

Grund-
gedanken
zum Wandern

Wandern, um den Horizont zu erweitern

Was Wandern für mich persönlich bedeutet
Wandern heißt für mich Schritt für Schritt neuen Landschaften, anderen Menschen, fremden Kulturen und auch mir selbst zu begegnen. Wandern umfasst unglaublich viele Aspekte, und jeder Schritt bringt immer wieder Neues hervor!
In meiner Jugend war das Wandern für mich eine wichtige Flucht aus dem Alltag: Abenteuer erleben, mich anstrengen und dadurch abschalten. Als ich noch Architekt war – mit viel Sitzen, Baubesprechungen und Deadlines – flüchtete ich immer wieder zum Ausgleich in die Natur, sonst hätte ich dieses Leben nicht ertragen. Für mich selbst ist und war Wandern aber niemals nur eine weitere Freizeitbeschäftigung. Schon seit meiner frühen Jugend nutze ich das Wandern auch zum Entdecken und Erforschen. Wandern ist für mich so vieles: Zufluchtsort, Seelenausgleich, Abenteuer, Sinneserweiterung, Bewegungs- und Problemtherapie und vor allem meine Berufung.
Nach einem langen Studium, der für mich nicht besonders erfüllenden Arbeit als Architekt und anderen „Umwegen" konnte ich glücklicherweise mein Lebenselixier, das Wandern, zum Beruf machen. Inspiriert von ausgedehnten Wanderungen durch den Himalaya und der Verwirklichung einer solarbetriebenen Schule für das Dorf Lingshed gründete ich 1999 mein Reiseunternehmen „Weltweitwandern". Seitdem wandere ich mit Gruppen um die Welt und entdecke zusammen mit örtlichen Partnern und Guides spannende Wanderdestinationen wie Madeira, Marokko, Nepal

und viele andere mehr. Ich bin wirklich sehr dankbar dafür! Und wenn es bei mir oder in meinem Unternehmen zwischendurch einmal nicht so gut läuft, dann gehe ich wandern und finde dadurch Wege, wie ich das Problem lösen kann. Und dabei ist mir immer noch etwas Gutes eingefallen.

Wandern als Alltags-Ausgleich

Beim Wandern entkommt man sehr wirkungsvoll und rasch dem Hamsterrad des Alltags. Bereits beim Aufbrechen und Losgehen lässt man schon vieles hinter sich. Beim Wandern hat man im Wesentlichen nur eine klare, einfache Aufgabe: Man muss seine Füße vorwärtsbewegen und kann immer wieder an- und innehalten. Es ist wohltuend, sich im eigenen, selbstbestimmten Tempo zu bewegen und nicht wie im Alltag in einem oft vorgegebenen. Gönnen Sie sich das, es tut gut! Ist schließlich bei einer Wanderung das Ziel erreicht, oben am Gipfel oder unten in der Hütte, macht sich meist ein Gefühl der Freude über den Erfolg breit. Und: Oben anzukommen bringt einen Perspektivenwechsel mit sich. Durch die Weite der Landschaft und das Hinunterschauen auf die winzigen Dinge im Tal relativiert sich vieles. Wenn man die kleine Welt unten am Fuße des Bergs von oben betrachtet, wird einem bewusst, welche Fülle das Leben bietet und wie verhältnismäßig klein die eigenen Probleme und der eigene Ärger in Wahrheit sind. Problemberge schrumpfen im Nu zu Alltagszwergen.

Wandern schenkt dem Körper das richtige Tempo

Das Gehen erzeugt einen Rhythmus, der zu Geist und Körper passt und Ihnen die Chance gibt, klarer wahrzunehmen. Alle Sinne sind miteinbezogen: Sehen, Riechen, Fühlen, Hören als ganzheitliche Wahrnehmung der Umgebung, die man durchschreitet. Wer wandert, erhöht die Detailschärfe und vertieft seinen Blick auf die Welt um sich. Der Rhythmus der Schritte und des Atmens bringt das Bewusstsein automatisch ins Hier und Jetzt. Dinge, die sonst an einem vorbeirauschen, werden einem Wandernden mit großer Deutlichkeit gewahr. Jeder, der schon einmal längere Strecken gewandert ist, kennt das: Das Ankommen in der Gegenwart und das unmittelbare Erleben des Moments begleiten einen buchstäblich auf Schritt und Tritt.

Wandern ermöglicht Begegnungen

Nirgends kann man sich selbst intensiver begegnen als beim Alleinsein in den Bergen. Die Tiefe der Erfahrung funktioniert auch in Gesellschaft. Wenn man mit anderen Menschen auf einer Wanderung unterwegs ist, entstehen oft besonders gute Gespräche und menschliche Nähe. Wandern in der Natur macht den Kopf frei, die Gedanken werden im Rhythmus des Gehens kreativ und konstruktiv.

Wandern als Wandler und Problemlöser

Wer seinen Körper bewegt, hält auch seinen Geist in Schwung und die Gedanken kommen in neue Bahnen. So weiß man heute, dass der griechische Philosoph Aristoteles seine Vorlesungen vorzugsweise im Gehen abgehalten haben soll. Seine philosophische Schule „Peripatos" heißt übersetzt „Spaziergang" bzw. „Wandelhalle". Wege entstehen bekanntlich im Gehen – im besten Fall auch neue Gedankengänge.
Die inspirierenden und befreienden Effekte des Wanderns auf meinen Geist schätze ich bis heute ungebrochen. Immer wenn es mir im Alltag zu eng wird, wenn ich mich nicht mehr „raussehe", dann ist ein Spaziergang, die Besteigung eines Hügels oder Berges oder in manchen Fällen eine längere Wander-Tour oder Wanderreise für mich das beste Mittel, um wieder Klarheit und den nötigen Abstand zu bekommen. Das hat nichts mit Davonlaufen zu tun, schließlich ist es unverzichtbar, sich

dem Leben und seinen Problemen zu stellen. Aber es ist ein bewusstes Luftholen heraus aus den „Mühen der Ebene".

In einem Zustand geistiger Enge und Energielosigkeit kann es schwer sein, sich den Problemen gewachsen zu fühlen. Daher empfehle ich allen, beim Auftreten von Problemen und inneren Verstrickungen zuerst Kraft zu schöpfen, innezuhalten, wandern zu gehen – und sich erst dann mit neuer Klarheit und frischen Kräften an die Lösung von Lebensthemen zu wagen.

Wandern erweitert den Horizont

Ich persönlich habe meine bereicherndsten Momente bei Wanderreisen in andere Kulturen erlebt:

- Wie man zum Beispiel mit wenig materiellem Besitz so glücklich sein kann, wie die Menschen, denen ich in Ladakh begegnet bin.
- Wie man ohne Küche nur auf kleinen Gaskochern inmitten der marokkanischen Wüste die herrlichsten Gerichte zaubern kann.
- Wie stark der Zusammenhalt und die persönliche Nähe in einer Wandergruppe sein kann, die sich erst einige Tage kennt.
- Wie starke Freundschaften unter Gleichgesinnten unterschiedlicher Kulturkreise entstehen können – und diese oft enger und tiefer sind als mit Menschen, die mir in meinem Alltag zu Hause begegnen.
- … und vieles mehr.

Gerade beim Wandern in unbekannten Landschaften und der persönlichen, direkten Begegnung mit anderen Menschen und Kulturen bemerkt man oft, wie vielfältig die Wege und Lösungen auf unserer Erde ausfallen – und wie ähnlich wir uns zugleich als Menschen überall sind. Dabei erfährt man viel über sich selbst und über die eigenen manchmal starren, unreflektierten Muster. Das eröffnet vielfältige Inspirationen.

Alte Gewohnheiten werden herausgefordert, unheilsame Denkmuster werden infrage gestellt und können sich neu sortieren.

Was ich auf meinen Reisen zu Fuß durch die Welt am meisten zu schätzen gelernt habe, ist die Vielfalt. Ich bin überzeugt, dass wir dafür kämpfen müssen, Vielfalt in der Welt zu bewahren – den Artenreichtum der Natur genauso wie die Verschiedenheit der Meinungen und die vielfältigen Arten zu leben. Um Vielfalt in unseren Köpfen zuzulassen, ist es für mich unumgänglich, mit einer offenen Haltung in die Welt hinauszugehen.

Vor allem Nepal hat mich in dieser Hinsicht sehr begeistert, wo die Menschen trotz bitterer Armut sehr oft viel fröhlicher und hilfsbereiter sind als wir inmitten unseres materiellen Reichtums. Mein dortiger Freund Sonam Sherpa ist mir ein großes Vorbild. Er stellt – mit großer Bescheidenheit und Umsicht – immer das Wohl seiner Gäste in den Mittelpunkt seines Tuns.

Wandern hat mein Leben bereichert und verändert

Ich persönlich bin durch das Wandern ein anderer Mensch geworden. Wandern hat ganz entschieden zu meiner persönlichen Entwicklung beigetragen. Vor allem das Wandern in anderen Kulturkreisen hat mich seit jeher fasziniert und geprägt und hat letztlich vor über 20 Jahren zur Gründung meines Unternehmens „Weltweitwandern" geführt.

Bei all meinen Wanderungen treibt mich stets die Neugier im Gepäck an. Ich fragte mich schon früh: „Da muss es noch etwas geben? Das Leben muss doch mehr sein als arbeiten, essen, feiern und schlafen?" Daran knüpfen sich existenzielle Fragen: „Wo ist der Sinn? Wozu bin ich hier? Und wie kann ich einen Beitrag leisten?" Unterwegs beim Wandern in der Natur erschließen sich dann persönliche Antworten auf diese Fragen. Diese Antworten muss aber jeder Mensch für sich persönlich erkunden – und das Wandern unterstützt dabei.

Neue Perspektiven, neues Leben, neues Lieben

Am Beginn einer neuen Lebenschance steht bei vielen Menschen oft die Unzufriedenheit mit der aktuellen Lebenssituation oder eine starke Trauer, einige haben auch einen schmerzhaften Verlust erlitten. Eine längere Wanderung – vielleicht sogar in einem anderen Kulturkreis – schafft den nötigen Abstand und gibt auch wertvolle Impulse für ein In-Angriff-Nehmen neuer Lebensperspektiven. Zu Hause versinkt man leichter in trüben Gedanken und depressiven Stimmungen. Hier wirkt das Rausgehen in die Natur oft wahre Wunder. Auch das Wandern in einer netten Gruppe kann dazu sehr viel beitragen. Fremden Menschen, die nichts von einem wissen, öffnet man sich oft leichter.

Wandern hat eindeutig das Potenzial, Anstöße zu liefern, ausgetretene Denk- und Lebenspfade zu verlassen und neue Horizonte zu erschließen. Wer sich auf eine (längere) Wanderung einlässt, begibt sich möglicherweise in vielerlei Hinsicht auf neues Terrain. Im Rhythmus der Wanderbewegung fließen auch die Gedanken, sortieren sich neu und formieren sich außerhalb gewohnter Denkbahnen.

Wenn man dann gestärkt, klarer und ausgeglichener von der Wanderung in den Alltag zurückkommt, passieren oft die unglaublichsten Dinge, beziehungsweise ist dann viel Kraft für eine Veränderung vorhanden.

Nicht nur mein eigener Lebensweg ist ein perfektes Beispiel für die potenziell lebensverändernde Kraft des Wanderns. Diese disruptive Wirkung – wie es heute in der Businesssprache oft heißt – konnte ich in meinem Umfeld schon an zahlreichen Beispielen persönlich beobachten. Mit den vielen Geschichten von Freunden, Bekannten oder Teilnehmern von Wanderreisen, die Inspiration für neue Lebensziele schöpften, könnte ich wohl ein weiteres Buch füllen.

Meine Glücksregeln für das Wandern

Am Anfang mit einfacheren Touren und Wegen beginnen

Beginnen Sie mit einfachen Wanderungen in Ihrer Umgebung, anstatt sich gleich mit einer anstrengenden Tour zu überfordern. So kommen Sie in Schwung und mit jeder gewanderten Stunde werden Sie – Schritt für Schritt – fitter und Ihre Motivation, Erfahrung und Freude steigen.

Die Vorbereitung der Wandertour ist wichtig für das Gelingen

Investieren Sie ausreichend Zeit in die Planung, Vorbereitung und das Konsultieren der Wetterprognose für Ihre Wanderung. Dieses Buch bietet Ratschläge, Tipps und Anregungen dafür. (Siehe ab Seite 28)

Die richtige Ausrüstung ermöglicht mehr Leichtigkeit und Sicherheit

Auf kurzen Waldspaziergängen unter der Baumgrenze können Sie auch mit handelsüblichen Turnschuhen und einem Werbegeschenk-Rucksack wandern. Für „richtige" Wandertouren brauchen Sie aber passende Wanderschuhe mit hochwertiger Sohle, einen gutsitzenden Rucksack, ausreichend Trinkwasser und entsprechenden Kälte- und Wetterschutz. (Siehe ab Seite 84)

Der langsame Beginn ist des Wanderns Sieges-Garantie

Meine goldene Regel: Gehen Sie die ersten 30 Minuten bewusst besonders langsam. Wer mit niedrigem Tempo startet, kommt meist viel weiter. Sie werden sehen, mit dem langsamen Schritt zu Beginn werden Sie in den nächsten Stunden einige der Menschen überholen, die zu Beginn an Ihnen vorbeigezogen sind. Auch ich als Profi-Wanderer gehe immer bewusst langsam, auch wenn das zuerst manch einen komischen Blick von Mitreisenden oder Journalisten erntet. Denn ich weiß, es macht sich immer bezahlt, und ich lasse mich nicht aus dem Konzept bringen.

Mit Gleichgesinnten wandert es sich leichter

Haben Sie wanderbegeisterte oder zu begeisternde Kollegen, Kolleginnen oder Bekannte? Wenn ja, fragen Sie doch einfach einmal nach, ob Sie jemand begleiten möchte. Denn mit Bekannten zu wandern erhöht die Freude und man ist nicht alleine, wenn etwas passiert. Vielleicht bringt Ihr Mitwanderer ja auch schon Ideen für die nächsten Touren mit? Wenn Sie niemanden konkret kennen, sind Wandervereine oder Wanderreiseveranstalter eine tolle Möglichkeit in Gruppen zu wandern und in das Wandern einzusteigen. (Siehe ab Seite 144)

Neugierde erweitert den Horizont

Es gibt eine beinahe unüberschaubar große Anzahl an Wanderzeitschriften, Wanderbüchern, Internetplattformen, Blogs, Wanderkarten etc. Durchstöbern Sie, was Ihnen Freude bereitet, erweitern Sie Ihr Wissen über gute Ausrüstung, faszinierende Wandergebiete und vertrauenswürdige Veranstalter. Einige Lektüre-Tipps habe ich in diesem Buch zusammengetragen. (Siehe Seite 220) Tolle Anregungen für lohnende Ziele bekommt man häufig auch von Mitwandernden unterwegs.

GRUNDGEDANKEN ZUM WANDERN

Sich Zeit lassen und keine „Unbedingt-Ziele"

Gönnen Sie sich den Luxus, sich Zeit zu lassen! Das Genießen des Unterwegs-Seins und all der kleinen Dinge am Wegesrand schafft viel mehr Wandergenuss, als ein stures Hinauflaufen auf den Gipfel mit der Stoppuhr in der Hand. Die Rücksichtnahme auf gemütlichere Mitwandernde oder Kinder führt oft zu wertvollen Eindrücken und man sieht Dinge, die man ansonsten übersehen hätte. Planen Sie ausreichend Zeitreserven ein und kehren Sie lieber einmal auch vorzeitig um, wenn Zeit oder Bedingungen für den Gipfel nicht mehr passen.

Gelassenheit bei ungeplanten Änderungen

Wenn Sie einmal wegen Schlechtwetter, Konditionsproblemen oder Schwierigkeiten am Weg Ihr geplantes Ziel nicht erreichen, bleiben Sie gelassen. Genießen Sie das, was gerade ist. Die Vorfreude auf ein besseres Wetter, einen leichteren Aufstieg oder Ähnliches bleibt Ihnen immer erhalten.

Unterwegs mit Lahoucine im Hohen Atlas von Marokko

MEINE ERFAHRUNG:

In solchen Situationen finde ich den Blick über den Tellerrand so wichtig, den man auf Reisen in andere Kulturen gewinnt. Zum Beispiel fällt mir die Gelassenheit meines marokkanischen Freundes Lahoucine ein. Wann immer ihn jemand der Wandergäste zu einer klaren Aussage drängt, ob wir diesen oder jenen Gipfel noch erreichen werden, antwortet er mit „Inschallah". Das bedeutet so viel wie „So Gott will". Dieser Ausdruck hat nicht nur eine religiöse Komponente, sondern ist vor allem die entwaffnende Antwort auf alle gestressten Nachfragen von Mitteleuropäern zu Höhenmeter, dem Tempo oder den zurückgelegten Kilometern. Nach drei Fragen, die mit „Inschallah" beantwortet worden sind, gibt auch der hartnäckigste Streckenmesser sein Nachfragen auf. Und plötzlich kann man das Gehen als solches genießen.

Keine Vergleiche und kein Jammern

Stellen Sie unterwegs keine Vergleiche mit schöneren Bergen, besseren Aussichten, tolleren Routen oder netteren Begleitern an. Ärgern Sie sich vor allem nicht über einen eventuell zu steinigen oder zu glatten Weg, unpassendes Wetter oder nervende Mitwandernde. Das verstellt Ihnen jede Möglichkeit, doch noch schöne Augenblicke zu erleben. Humor hilft immer. Gerade über Missgeschicke kann man später lachen, man hat etwas zu erzählen und außerdem erweitern schlechte Bedingungen zudem Ihren Erfahrungshorizont stark! Lernen Sie daraus und machen Sie, was in Ihrer Macht steht das nächste Mal besser. Vielleicht hilft Ihnen bei dem einen oder anderen Thema dieses Buch.

GRUNDGEDANKEN ZUM WANDERN

Nicht unterwegs Probleme wälzen

Sorgen und Probleme lassen Sie am besten zu Hause zurück. Laden Sie besser unbeschwert in der Natur Ihre Batterien auf! Dann hat man nach der Heimkehr mehr Energie und Abstand für die Lösung.

Im Hier und Jetzt verweilen

Versuchen Sie, beim Wandern möglichst häufig im Hier und Jetzt zu bleiben. Pausieren Sie zwischendurch auch einmal Ihre Gespräche oder Planungsgedanken, gehen Sie still und konzentrieren Sie sich auf Ihren Atem, den eigenen Gehrhythmus und Ihre unmittelbare Umgebung: Farben, Formen, Geräusche und Gerüche … Wertschätzendes Beobachten bereichert und lässt alle Eindrücke frischer, farbiger und unmittelbarer wirken. Jeder Moment ist für sich kostbar und einmalig, daher sollte man ihn genießen. (Meditationsübungen für das Wandern finden Sie ab Seite 208.)

Zeit beim Heimkommen lassen

Auch beim Heimkommen gilt es, sich etwas Zeit zu lassen. Stürzen Sie sich nach Möglichkeit vor allem nach einer längeren Wanderung nicht gleich voll in den Alltag. Planen Sie eine Übergangszeit ein: zum Ankommen, um die Ausrüstung wieder gut zu versorgen und um die Wandererlebnisse auch innerlich zu sortieren und abzulegen.

ACHTUNG: BEWEGUNG MACHT SÜCHTIG!

Seien Sie gewarnt! Je mehr Sie in der Natur wandern, desto mehr Lebensfreude werden Sie entwickeln und desto öfter werden Sie wandern gehen wollen. Denn wer draußen wandert, findet mehr zu sich selbst und seiner inneren Stabilität.

Wandern & Nachhaltigkeit

Es ist meine innerste Überzeugung, dass man auf unsere Welt, die Natur, aber auch die Bewohnerinnen und Bewohner der Erde – ob Mensch, Tier oder Pflanze – achtgeben muss. Das große Wort Nachhaltigkeit beinhaltet viele Aspekte, die mich alle ständig beschäftigen: Welche Lebensmittel kaufe ich ein, wie geht man mit anderen Menschen, Wandergästen, Mitarbeiterinnen und Mitarbeitern oder Dienstleistern um, welche Werte möchte ich meinen Kindern weitergeben, woher bezieht man seine Waren, welche Produkte sind wirklich nötig, wenn dafür lange Produktionsketten in Gang gesetzt werden, und vieles mehr.

Auch meiner Firma „Weltweitwandern" – die 1999 aus dem Bauprojekt einer Solarschule für ein entlegenes Bergdorf in Ladakh in Indien entstanden ist – liegt der soziale Anspruch in der DNA. Wir bemühen uns stetig darum, im Bereich Nachhaltigkeit mehr zu machen und besser zu werden. Dass die Menschen in unseren Reiseländern von unseren Reisen profitieren und ein Teil unseres verdienten Geldes auch im Reiseland bleibt, ist für mich selbstverständlich. Auch die Begegnung mit dem Team vor Ort auf Augenhöhe und ein offener Zugang, um voneinander zu lernen, sind Aspekte der Nachhaltigkeit, die ich als normal empfinde.

Nachhaltigkeit ist für mich kein Randthema, denn es sollte in jedem Tun und Handeln mitgedacht und in die Erwägungen miteinbezogen werden. Nachdem wir heutzutage so viele Informationen über globale

Zusammenhänge, Umweltverschmutzung und Gefahren wie noch nie zuvor haben, sollte jeder Mensch bewusst und achtsam agieren.
Dazu die guten Nachrichten: Wandern und Wanderreisen sind an sich schon ganz vorne mit dabei, wenn man über sanften Tourismus spricht. Denn was gibt es Besseres, als sich wandernd durch die Natur zu bewegen, keinen Müll und keine Spuren zu hinterlassen. Man kann direkt von zuhause aus losstarten oder auch herrlich mit öffentlichen Verkehrsmitteln an den Ausgangspunkt gelangen. Wandern ist DIE ideale Freizeitbeschäftigung des 21. Jahrhunderts!

Bei Wanderreisen, zu denen man fliegt, könnte man kritisieren, dass das Fliegen aufgrund des hohen CO_2-Ausstoßes per se schlecht für die Umwelt ist. Aber so leicht ist die Kalkulation nicht. Beschäftigt man sich – wie mein Team und ich – intensiv mit dem Thema Nachhaltigkeit, weiß man, wie komplex das Thema ist.
Durch unsere Wanderreisen bauen wir mit Partnern vor Ort einen nachhaltigen Tourismus auf, geben Menschen in strukturschwachen Regionen Arbeit und Möglichkeiten, etwas Sinnvolles vor Ort aufzubauen.
Ich für mich sehe es so: Es ist im Bereich Nachhaltigkeit wichtig, bewusst und achtsam zu konsumieren. Wenn man reisen möchte – und das sehe ich als wirklich wichtig, um seinen Horizont zu erweitern – dann sollte die Reise bewusst ausgewählt werden. Achten Sie insbesondere auf einen guten Reiseveranstalter und auf eine entsprechend längere Reisedauer, wenn der Flug über eine sehr weite Distanz geht.

Nachhaltiges Wandern: Hinweise und Tipps

Gastbeitrag von **Dr. Christian Baumgartner,**
Experte im Bereich Nachhaltigkeit und Tourismus

Wandern ist von Natur aus eine äußerst umweltfreundliche Aktivität. Dennoch gibt es ein paar Hinweise, mit deren Hilfe man die Nachhaltigkeit des Wanderurlaubs noch erhöhen kann.

Mobilität

Der Klimawandel ist im vollen Gange. Wir merken das am Rückgang der Gletscher ebenso wie an den zunehmenden Wetterkapriolen: Dürrezeiten werden von plötzlichem Starkregen abgelöst, lange schneefreie Zeiten gehen in Rekordschneefälle über. Das führt insgesamt zu häufigeren Naturkatastrophen und einem mehr und mehr unvorhersehbaren Wetter. Der Klimawandel ist damit zum wichtigsten Umweltthema geworden, dessen Bekämpfung entscheidend für die Zukunft der Menschheit ist.

Der Tourismus trägt durch die hohe Mobilität einen großen Anteil zum Klimawandel bei. Auch der überwiegende Teil der Wanderer fährt mit dem Auto zu den Ausgangspunkten der Wanderungen oder fliegt zu den Wanderurlauben in andere Länder.

Da kann man nichts machen? Wir können schon etwas ändern, wenn wir wollen. Es sind vor allem unsere liebgewonnenen Gewohnheiten und Bequemlichkeiten, die wir verändern müssen. Vielleicht haben Sie schon während der Vorbereitungen bemerkt, dass fast alle Wanderausgangspunkte mit öffentlichen Verkehrsmitteln erreichbar sind. – Und das ist viel stressfreier, als Sie annehmen. Für die letzten Kilometer stehen so gut wie überall lokale Wanderbusse oder Taxiunternehmen zur

Verfügung. Die öffentliche Anreise hat zudem den Vorteil, dass man die Wanderung nicht als Rundtour zum eigenen Auto planen muss.

Die meisten Urlaubsregionen bieten Mobilitätskarten an – mit der Übernachtung gibt es dann eine gratis Benutzung der lokalen Verkehrsmittel. Der Kauf von Jahresermäßigungskarten der Bahn macht die Anreise nicht nur billiger, sondern motiviert auch, häufiger den Zug zu nehmen und das Auto stehen zu lassen.

Die Bahn bietet sich auch bei Reisen in benachbarte Länder an. Der vermeintliche Zeitvorteil des Flugzeugs wird meist durch die Anfahrt zum Flughafen, die Kontrollen dort, das Warten auf das Gepäck usw. deutlich relativiert. Sehr oft gewinnt man bei der Anreise per Bahn bereits am Reisetag durch den Blick durchs Zugfenster erste Einblicke ins Land und durch die Kontakte mit Einheimischen setzt schon ein richtiges Urlaubsfeeling ein.

Wenn sich ein Flug nicht vermeiden lässt, kann man CO_2-Kompensation zahlen. Von manchen als „Ablasshandel" bezeichnet, ist das eine reale Möglichkeit, die Menge an CO_2, die eine Reise verursacht, durch ein Klimaschutzprojekt zu kompensieren. Anbieter wie der oftmalige Testsieger Atmosfair (www.atmosfair.de) garantieren durch externe Kontrollen nachhaltige, das heißt ebenso umwelt- wie sozialverträgliche Projekte, die auch den wichtigen Faktor der „Zusätzlichkeit" besitzen. Das bedeutet, dass sie den Regierungen nicht die Verantwortung abnehmen, ihre in internationalen Verträgen eingegangenen Verpflichtungen umzusetzen, sondern dass es sich eben um „zusätzliche Projekte" handelt. Beim Schweizer Anbieter Myclimate (www.myclimate.org) lassen sich auch Autofahrten kompensieren. Eine gute Möglichkeit, die gefahrenen Jahreskilometer „klimaneutral" zu machen.

Proviant und Essen

Der Einkauf von Proviant direkt am Ausgangspunkt der Wanderung bringt eine Win-win-Situation für alle mit sich: Für uns reduziert sich das Anreisegepäck, wir lernen regionale Spezialitäten kennen, die es oft zu Hause nicht gibt, und wir schaffen wichtige Einkommensmöglichkeiten für die lokale Bevölkerung. Zusätzlich haben diese Produkte oft nur geringe Transportwege hinter sich und stellen somit eine weitere Möglichkeit dar, das Klima zu schützen. Auch beim Essen in Restaurants sollten wir aus den gleichen Überlegungen darauf achten, dass lokale Zutaten verwendet werden. Ein Nachfragen bei der Kellnerin oder dem Kellner lohnt sich.

Ein Hinweis, der nicht nur beim Wandern gilt: Fleischprodukte belasten nicht nur das Klima stärker, sondern verursachen auch einen deutlich höheren Wasserverbrauch: Die Produktion eines Kilogramms Tomaten verbraucht etwa 215 Liter Wasser für Bewässerung und Verarbeitung, ein Kilogramm Fleisch hingegen stolze 15.500 Liter. Weniger Fleisch zu essen, ist also aktiver Klima- und Wasserschutz.

Abkürzungen

Nicht zu unterschätzen sind die landschaftlichen Schäden, die durch Trittschäden durch Abkürzungen entstehen. So werden die Serpentinen oberhalb der Waldgrenze im Almbereich gerne beim Bergabgehen in der Falllinie abgekürzt. Dadurch wird oft die Grasnarbe aufgerissen und so entsteht ein Ansatzpunkt für Erosion. Beim nächsten Gewitter kann das Wasser in der Rinne ungehindert talwärts schießen und sich immer tiefer in den Boden graben. Damit wird der dünne fruchtbare Boden abgetragen, die querenden Wege werden geschädigt und es entstehen Gefahrenstellen. Die alpinen Vereine müssen jedes Jahr viel Freiwilligenarbeit leisten, um diese Erosionsschäden zu bekämpfen.

Bitte also unbedingt auf den Wegen bleiben, auch wenn es evtl. ein paar Minuten länger dauert. Wir haben keinen Stress auf den Wanderungen.

Hüttenpause und Abfall

Die Hüttenwirtinnen und Hüttenwirte freuen sich, wenn Sie bei ihnen in der Pause nicht nur den Schatten der Hütte nutzen, sondern auch etwas konsumieren. Meist haben sie Zulieferer aus den umliegenden Ortschaften im Tal – auch so tragen Sie zu lokalen Einkommen bei. Auch wenn vielerorts Mülleimer angeboten werden, sollten wir bedenken, dass auch die Hüttenwirte den Müll ins Tal schaffen müssen. Es ist Ehrensache, alle Überreste und Verpackungen, die Sie auf den Berg hinauftragen, auch selbst wieder hinunterzubringen.

Unterkünfte bei An- und Abreise

Bei vielen Mehrtageswanderungen übernachten die Wandernden nicht nur auf Berghütten, sondern verbringen auch bei der An- und Abreise eine Nacht in den Ortschaften. Hier lohnt es sich, sich vorab im Internet über den Ort zu informieren. Selbst in fernen Ländern sind die meisten Unterkünfte entweder selbst mit einer Homepage im Internet vertreten oder als Teil eines Netzwerks auf anderen Websites zu finden.

Wenn Sie auf Unterkünfte zurückgreifen, die Einheimischen gehören, haben gerade diese manchmal auch Umweltauszeichnungen oder Öko-Labels wie etwa in Österreich das Österreichische Umweltzeichen für Tourismusbetriebe (vgl. www.umweltzeichen.at). Solche Labels gibt es auch in vielen anderen Ländern. Die Suche andersherum funktioniert auch: Über die Website der Umweltzeichen lassen sich die zertifizierten Betriebe finden. Solche Unterkünfte sparen Wasser, nutzen erneuerbare Energien, verwenden lokale Produkte und reduzieren den

Einsatz von Chemikalien. Oft wird auch eine Abholung vom nächsten Bahnhof angeboten, um eine sanfte Mobilität zu ermöglichen.

Nachhaltigkeit

Zur Nachhaltigkeit gehören bekanntermaßen nicht nur der Umweltschutz, sondern auch der Respekt vor lokalen Kulturen und die Stärkung der örtlichen Wirtschaft. Gerade Begegnungen und Gespräche mit Einheimischen auf gleicher Augenhöhe können zu den Highlights einer Wanderreise werden. Das gilt in den Alpen genauso wie auf Wandertouren in fernen Ländern. Diese Aspekte werden auch in den anderen Kapiteln dieses Buches angesprochen.

Vermeidung von Overtourismus

Einige Gebiete werden an Wochenenden von sehr vielen Wanderbegeisterten buchstäblich „gestürmt". Hier kommt es häufig zu negativen Begleiterscheinungen, zugeparkten Zufahrten zu Bauernhöfen und Almen, Müll- und Lärmproblemen. Naturlandschaften sind immer auch Lebensräume für Menschen, Nutztiere und Wildtiere. Hier gilt es, durch gegenseitige Rücksichtnahme potenzielle Konflikte zu vermeiden:

- Wo es möglich ist, die Anreise mit öffentlichen Verkehrsmitteln planen.
- Wenn die vorhandenen Parkplätze bei einem Ausflugsgebiet voll sind, den „Rückzug" antreten und ein Ausweichziel ansteuern.
- Fahrgemeinschaften (z. B. Treffen auf Park & Ride Parkplätzen am Stadtrand) zur Anreise in Wandergebiete bilden.
- Beliebte und sehr bekannte Ausflugziele, wenn möglich, nicht am Wochenende ansteuern.
- Mit einer guten Vorbereitung finden sich immer weniger bekannte und ruhigere Wege und Gebiete.

Beim Bodenbauer im Hochschwab

SICS

Vorbereitung einer Wanderung

VORBEREITUNG EINER WANDERUNG

Ja: Wandern ist herrlich – wann starten wir endlich los? Sofort, aber zuerst noch ein Kapitel zum Wichtigsten für eine gelungene Wanderung: Eine gute Vorbereitung.

Meine Planungscheckliste hilft Ihnen, die wichtigsten Schritte vor dem ersten Schritt zu setzen.
Dann folgen vielfältige Infos von der Auswahl der passenden Wandertour über eine treffsichere Wetterprognose bis hin zum richtigen Lesen von Wanderkarten und dem richtigen Training für das Wandern. Dazu stelle ich Ihnen technische Unterstützungsmöglichkeiten wie GPS oder Handytracking vor. Den Abschluss bilden nützliche Infos zum Versicherungsschutz, zu ausgezeichneten Wegen, Wanderdörfern und alpinen Vereinen.

Planungscheckliste zur Vorbereitung einer Wanderung

Bei der Planung und Durchführung einer Wanderung gibt es eine Reihe von Faktoren zu bedenken und Fragen, die vorab zu beantworten sind. Hier eine Übersicht:

Auswahl der Tour
- Was erwarten/wünschen Sie sich?
- Möchten Sie lieber die Einsamkeit genießen oder haben Sie auch mit hoch frequentierten Routen kein Problem?

MEIN TIPP

„Modeberge" bzw. bekannte Wandergebiete (z. B. die Dolomiten in Südtirol) sind häufig sehr überlaufen. Wenn Sie es gerne ruhiger haben, dann halten Sie gezielt Ausschau nach weniger stark besuchten Destinationen – oder planen Sie die Wanderung, wenn möglich, nicht am Wochenende bzw. außerhalb der Hauptsaison!

- Möchten Sie allein, zu zweit oder in einer Gruppe wandern?
- Wie fit und erfahren sind Sie bzw. die Mitglieder der Gruppe?

MEIN TIPP

Mein Tipp: Wählen Sie die Tour immer so, dass ihr jedes Mitglied der Gruppe souverän gewachsen ist.

- Möchten Sie auf einen Berg hinauf und auf derselben Strecke wieder hinuntergehen oder lieber eine Rundwanderung machen?
- Möchten Sie oben auf der Hütte essen oder nehmen Sie sich Proviant mit?
- Möchten Sie übernachten?
- Gibt es mögliche Gefahrenquellen unterwegs: Schneefelder/Ausgesetztheit/Geröll?
- Gibt es Wasser unterwegs, wann und wo?

MEIN TIPP

Beim Trinkwasser immer Reserven einplanen.

- Wie weit möchten Sie bis zum Ausgangsort fahren?
- Sind Ausgangs- und Endpunkt mit öffentlichen Verkehrsmitteln erreichbar?
- Wie ist die voraussichtliche Wetterprognose?
- In welcher Jahreszeit befinden Sie sich gerade? (Kälte, Gewitterhäufigkeit, Schnee etc.)
- Braucht es noch etwas körperliches Training?

Vor der ausgewählten Tour zu Hause

- Studieren Sie die Tour in Buchform, im Internet und auf Kartenmaterial genau.
- Setzen Sie sich mit möglichen Gefahrenquellen auseinander.
- Reservieren Sie Hüttenplätze rechtzeitig.
- Laden Sie evtl. den ausgewählten Track bzw. Karten auf das Handy, die GPS-Uhr oder das GPS-Gerät.
- Stellen Sie einen genauen Zeitplan für die Tour auf.
- Vereinbaren Sie Treffpunkte mit Mitwanderern und eine geplante Rückkehrzeit.

- Wie wird das Wetter und wie werden die Temperaturen voraussichtlich sein? Ist mit Wind zu rechnen?
- Wie sind die Verhältnisse vor Ort?

MEIN TIPP
Rufen Sie evtl. bei einer Hütte oder einem Gasthaus am Ausgangspunkt an und sehen Sie sich die Bilder von Webcams an.

- Welche Ausrüstung brauche ich? Ausrüstung packen.
- Alpenvereinsausweis bei Übernachtungstouren nicht vergessen!
- Sind die Handy-Akkus geladen?
- Gibt es Wasser oder auch Verpflegung unterwegs oder muss alles mitgetragen werden?
- Wie sind die Straßenbedingungen für die Anreise? Gibt es Parkmöglichkeiten für Pkw?
- Wie sind die genauen Fahrzeiten der öffentlichen Verkehrsmittel? Fahrkarten kaufen.
- Stimmen Sie sich ab, damit alle Mitglieder der Wandergruppe alle notwendigen Infos haben (Ausrüstung, Zeiten, Wasser etc.).

Vor Ort

- Nochmalige Feinabstimmung vor Ort am Ausgangspunkt mit den örtlichen Gegebenheiten.
- Ortsansässige Menschen fragen, Wetter nochmals checken, aktuelle Weg-Infos einholen.
- Wie geht es allen Gruppenmitgliedern aktuell beim Start der Tour? (Blasen, aktuelle gesundheitliche Probleme, letzter Ausrüstungscheck – wurde etwas vergessen? Ist ausreichend Trinkwasser und Proviant vorhanden?)

- Sind evtl. durch neue Infos, z. B. aufgrund eines Wetterumschwungs, Änderungen des ursprünglichen Plans notwendig?

Unterwegs

- Laufender Abgleich: Wie geht es allen Mitgliedern der Gruppe, haben sich der Weg bzw. die Wetterverhältnisse stark geändert?
- Werden evtl. durch neue Infos Änderungen des ursprünglichen Plans notwendig?

Gemeinsam unterwegs auf Madeira

Das beste Wander-Training

Warum Wandern oft die beste Vorbereitung für eine Wanderung ist.

Oft werde ich gefragt: „Wie fit muss ich für eine bestimmte Wanderung oder für eine längere Wanderreise sein, um diese auch zu schaffen?" Meine Antwort darauf: Zu schaffen ist eine mittellange Wanderung auf einfachen Wegen in der Regel fast immer! Aber je fitter man ist, desto größer sind der Genuss und die Freude daran. Schließlich macht es einen Riesenunterschied, ob man am Abend gerädert am Ziel ankommt oder ob man dort die schönen Momente auch wahrhaft auskosten kann. Auch während der Tour sind Eindrücke wesentlich intensiver, wenn man nicht „aus dem letzten Loch pfeift". Zudem ist eine gute Kondition die beste Gesundheitsvorsorge und gewährleistet ausreichend Sicherheitsreserven, falls das Wetter einmal umschlagen oder der Weg ungeplant länger werden sollte.

Wenn man einen mehrtägigen Wanderurlaub plant, aber nicht regelmäßig Sport betreibt, ist es ratsam, sich einige Wochen davor körperlich zu betätigen. Allerdings: Ein Trainingseffekt stellt sich erst dann ein, wenn man sich mindestens einmal pro Woche für mehrere Stunden bewegt. Mehr ist natürlich besser. Ideal ist es, mehrere Wochen vor einem Wanderurlaub möglichst täglich ausgedehnte, flotte Spaziergänge zu unternehmen. Zu Beginn in der Ebene, dann aber in hügeligeres Gelände wechseln. Haben Sie weniger Zeit zur Verfügung und sind ohnehin eher sportlich, dann bietet sich regelmäßiges Joggen (2- bis 3-mal pro Woche für jeweils 30 bis 45 Minuten) als effektives und zeitsparendes Training an.

Ebenso eignen sich gezieltes Krafttraining, vor allem der Beinmuskulatur an speziellen Trainingsgeräten in einem Fitnesscenter unter fachlicher Aufsicht, und Ausdauereinheiten am Stepper oder Crosstrainer als gute Vorbereitungsmethoden.

Nutzen Sie auch die kleinen Trainingsmöglichkeiten des Alltags: Nehmen Sie die Treppe anstelle des Lifts, verwenden Sie für kurze Strecken lieber das Fahrrad als das Auto und ersetzen Sie Fernsehabende durch Spaziergänge. Jeder Schritt zählt!

Meine persönlichen Work-outs vier Wochen vor einem mehrtägigen Wanderurlaub:

- mehrmals wöchentlich eine Stunde zu Fuß gehen oder 2- bis 3-mal Jogging pro Woche
- eine Wanderung pro Woche (2 bis 3 Stunden – je mehr und länger, desto besser)
- 2- bis 3-mal Yogaübungen pro Woche für die Beweglichkeit

Wie schätze ich ein, ob ich eine geplante längere Wanderung schaffe?

Bei den Höhenmetern lautet mein Tipp, damit Sie sich selbst besser einschätzen können: Probieren Sie diese am eigenen Leib praktisch aus, bevor Sie größere Wanderungen planen! Steigen Sie auf einen nahegelegenen Berg mit 900 oder 1.000 Höhenmetern. Wenn Sie keinen Berg zur Verfügung haben, suchen Sie sich einen Hügel mit 100 Metern und gehen Sie ihn 7- bis 10-mal rauf und runter, um ein Gefühl dafür zu bekommen, was Ihnen 700 bis 1.000 Höhenmeter ausmachen. Zudem ist das auch gleich ein sehr gutes Training und die „echte" Tour macht dann mit größerer Fitness noch mehr Freude.

Wander-Karten richtig lesen

Der richtige Maßstab, die wichtigsten Infos, das Wissen um die optimale Anwendung: Wanderkarten bieten einen großen praktischen Nutzen und steigern das Wandervergnügen schon lange vor einer Tour.

Klar, bei Spaziergängen auf bekanntem Terrain oder auch bei sehr gut ausgeschilderten und markierten Kurzwanderungen können Sie die Landkarte getrost zu Hause lassen, ohne die Orientierung zu verlieren. Sobald aber längere Touren in einem etwas weniger bekannten Gebiet auf dem Programm stehen, sollte eine gute Wanderkarte nicht fehlen. Eine Karte leistet wertvolle Dienste – sowohl bei der Vorbereitung und Planung einer Unternehmung als auch während einer Wandertour.

Welche Karte? Welcher Maßstab?

Für alle mittelschweren Wanderungen auf gut markierten Wegen sind die im guten Buchhandel, vor Ort in Hütten oder in Infobüros erhältlichen topografischen Wanderkarten mit eingezeichneten Wanderwegen und Geländestrukturen bestens geeignet. Ideal zum Wandern sind Karten im Maßstab 1:50.000. Das heißt 1 cm auf der Karte entspricht 50.000 cm (= 500 m) in der Natur, bzw. 1.000 m in der Natur entsprechen 2 cm auf der Karte. Noch genauere Karten im Maßstab von etwa 1:25.000 sind gut für Bergwanderungen durch kleinteiliges Hochgebirgsgelände oder Wanderungen ohne Wegmarkierungen, z. B. bei Skitouren oder Schneeschuhwanderungen. Der größere Maßstab ermöglicht eine noch bessere Orientierung. Bei diesen Karten entspricht 1 cm auf der Karte 250 m in der Natur bzw. 1.000 m in der Natur entsprechen 4 cm auf der Karte. Karten im Maßstab 1:100.000 (1 cm auf der Karte = 1 km in der Natur) ermöglichen kaum mehr eine genaue Orientierung im Gelände, sind aber bei sehr gut markierten und ausgebauten Wanderwegen für eine Übersicht über das Gebiet und das Gelände häufig auch noch ausreichend. Karten ab einem Maßstab von 1:200.000 (1 cm auf der Karte entsprechen 2 km in der Natur) sind nur mehr als Straßenkarten für die Anreise zum Ausgangspunkt geeignet.

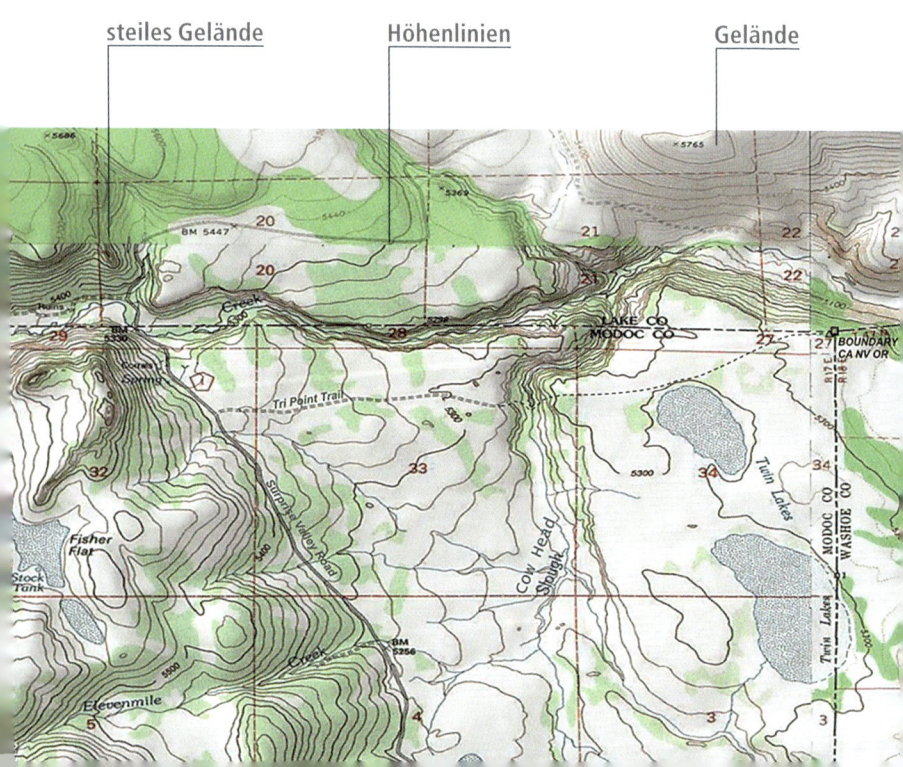

steiles Gelände   Höhenlinien   Gelände

Topografische Karten

Topografische Karten bilden dreidimensionale Geländeformen zweidimensional ab. Dafür werden sogenannte „Höhenlinien" verwendet. Je nach Maßstab und Kartenausführung gibt es für alle zehn bis zwanzig Meter Höhenunterschied eine Linie, wobei fettere Linien 100-Meter-Sprünge anzeigen. Je enger die Höhenschichtlinien beieinander liegen, desto steiler ist das Gelände, je weiter auseinander, desto flacher. Ein nach außen gerichteter Bogen in den Linien zeigt einen Geländerücken. Ein nach innen gerichteter Bogen zeigt einen Kessel. Je spitzer der Winkel, desto schmaler ist diese Geländeform.

Durch spezielle Schummerungen (Flächentönungen), Schattierungen, Symbole und Farben wird die Landschaft plastischer – dadurch kann man verschiedene Oberflächen intuitiv erkennen: Grün für Wald, Braun/Grau für Wiesen und Geröll, Schwarz für Felsen.

Satellitenkarten

Moderne Karten, vor allem solche am Computer, aber auch auf Papier, nutzen Satellitenbilder als Grundlage für die Grafik. Bei manchen Apps kann man die Satellitendarstellung ein- oder ausblenden.

Richtiges Kartenlesen

In der Legende am Rand der Karte befinden sich einige Symbole für unterschiedliche Orientierungspunkte wie Quellen, Höhlen, Kirchen oder Wegweiser. Auch die Bedeutung der verwendeten Farben, die Abstände der Höhenschichtlinien und das Datum der letzten Aktualisierung der Karte sind dort angegeben.

Oben auf der Karte ist fast immer Norden, andernfalls kennzeichnet stets eine eingezeichnete Windrose die Himmelsrichtungen. Die Beschriftung der Orte verläuft immer von West nach Ost, also von links nach rechts. Ein Gitternetz zeigt Längen- und Breitengrade.

Die Karte wird dabei entsprechend der Himmelsrichtung grob ausgerichtet. Man sucht dann einige markante eingezeichnete Punkte in der Natur (Hütten, Berggipfel, Aussichtspunkte, Flüsse, Täler etc.) und dreht die Karte so lange, bis die Blickrichtung passt.

Wenn es ganz genau sein soll, kann man mit einem Kompass zwei auseinanderliegende markante Geländepunkte anpeilen, diese Peilung dann in die Karte übertragen und dadurch seinen eigenen Standpunkt auf der Karte sehr genau herausfinden.

Mit einer Karte Wanderungen planen

Unerlässlich ist eine Karte für mich bei der Planung einer Wanderung. Die Länge und ungefähre Geh-Dauer der Wegstrecke, die Höhenmeter im Auf- und Abstieg, das Gefälle des Geländes, die Festlegung, welcher Wanderweg der Beste ist, sowie die Verortung von Schutzhütten und Wasserstellen und vieles mehr können mit etwas Übung direkt aus der Karte herausgelesen werden.

Üben, üben, üben!

Karten richtig zu lesen ist reine Übungssache. Der Anfang ist ganz einfach: Nehmen Sie sich schon vor Ihrer Tour etwas Zeit zum Studieren einer Karte und üben Sie auch die Orientierung unterwegs, indem Sie immer wieder versuchen, markante Berggipfel und Ihren eigenen Standpunkt auf der Karte zu identifizieren bzw. in der Karte eingezeichnete Orte und Gipfel in der Natur zu finden. Mit der Zeit und mit etwas Übung entsteht beim Betrachten der Karte vor dem inneren Auge ein plastisches Landschaftsbild.

MEIN TIPP

Auch wenn heute GPS und digitale Orientierungshilfen bereits selbstverständlich sind, sollten Wandernde meiner Überzeugung nach dennoch auch mit Papierkarten umgehen können. Geht die Batterie des GPS oder Handys einmal zur Neige, wird es in der Frage der digitalen Orientierung schnell zappduster, aber das „Display" der Karte aus Papier funktioniert immer noch!

Manche Karten sind wahre grafische Kunstwerke und lassen die Landschaft – lange bevor man jemals dort gewesen ist – schon im Geist entstehen. Ich gebe zu, ich bin ein echter Kartenfan und kaufe mir überall auf der Welt örtliche Wanderkarten.

Gehzeiten richtig berechnen

Eine der entscheidenden Fragen für die Planung jeder Wanderung lautet: Wie lange werde ich für meine Wanderung brauchen? Und unterwegs: Wie lange ist es von meinem aktuellen Standort noch bis zum Ziel?
Zum Glück gibt es Faustregeln, die eine gute Einschätzung der Gehzeiten für durchschnittliche Wanderer im alpinen Gelände erlauben. Ein großer Unterschied besteht oft zwischen der „Unterwegszeit" und der reinen Gehzeit. Seit es Hightech-Uhren gibt, die die Gehzeiten genau messen und bei jedem Stehenbleiben die Stehzeiten abziehen, kann man gut sehen, wie viel kürzer die Zeit in Bewegung im Vergleich zur „Unterwegszeit" ist.

Reine Gehzeit
Pro Stunde schafft man bei einer normalen Wanderkondition im alpinen Gelände auf gutem Weg
- 4 km auf einer ebenen Horizontalstrecke,
- 300 Höhenmeter an Aufstieg oder
- 500 bis 600 Höhenmeter an Abstieg.

Um die Gehzeit auf einer Wanderstrecke, die sowohl Horizontalstrecken als auch Höhenmeter beinhaltet, gut abzuschätzen, berechnen Sie zuerst zwei Werte:
- die Zeit für die reinen Höhenmeter (im Auf- und Abstieg) und
- die Zeit für die Streckenkilometer (herausgemessen aus der Karte) getrennt voneinander.

Dann nehmen Sie als Basis den größeren Wert und zählen die Hälfte des kleineren Wertes dazu.

Ein Beispiel zur Demonstration:

Für eine Tagestour haben wir uns einen Aussichtsberg mit 900 Höhenmeter Aufstieg und insgesamt zwölf Kilometern Gesamtwegstrecke auf einem guten Wanderweg ausgesucht. Unsere Kondition ist normal, also nicht extrem sportlich.

Berechnung der reinen Gehzeit:

900 m Gesamtaufstieg: 300 Höhenmeter/Std. = 3 Stdn.
900 m Abstieg: 500 Höhenmeter/Std.   = 1,8 Stdn.
Summe Auf- und Abstieg: = 4,8 Stdn.
12 km Wegstrecke   = 3 Stdn.
               (kleinerer Wert)

Reine Gehzeit für normale Kondition:

4,8 Stdn. + 1,5 Stdn. (3 Stdn. : 2)   = 6,3 Stdn.

Unterwegszeit (Gesamte Zeit unterwegs)

- Für die Unterwegszeit rechnet man alle zwei Stunden eine halbe Stunde Pause dazu (= 3 x 0,5 Std.).
- Für größere Gruppen, unwegsames Gelände, heiße Temperaturen oder auch höhere Seehöhe in den ersten Tagen muss man Zuschläge von 10–30% einrechnen.

In unserem Fall gehen wir mit einer Freundesgruppe, in der sich einige weniger erfahrene Mitglieder befinden.

Gehzeit normal fitte Einzelperson:

6,3 Stdn. reine Gehzeit	
+ 1,5 Stdn. Pause (3 x 0,5 Std.)	= 7,8 Stdn.
+ Sicherheitsreserve für Gruppe mit Unerfahrenen + ca. 20 %	= 1,5 Stdn.
Summe Unterwegszeit für die Gruppe:	= 9,3 Stdn.

Das heißt: Bei einem Losgehen der Wandergruppe am Ausgangspunkt um 9:00 Uhr sollte man um spätestens 18:20 Uhr am Ziel ankommen. Wichtige Frage im Winter oder in Äquatornähe: Ist es um die geplante Rückkehrzeit noch ausreichend hell?

MEIN TIPP

Gerade beim Wandern in der Gruppe sind die Geh- und Unterwegszeiten sehr unterschiedlich und können je nach Kondition, Wetter sowie der Schönheit der Aussichts- und Rastplätze stark variieren. Wenden Sie die obenstehenden Formeln an und vergleichen Sie dann die von Ihnen beim Wandern erreichten Zeiten. Sind Sie immer schneller oder langsamer unterwegs als Ihre Schätzung?

Mit der Zeit bekommen Sie eine gute Grundlage zur Beurteilung von Wanderstrecken für sich selbst. Beachten Sie allerdings, dass bei anderen Umständen, z. B. im tropisch-heißen Klima, bei sehr unebenen Wegen oder in größeren Höhen andere Regeln zur Berechnung gelten und planen Sie dort Reserven ein.

Das Wanderwetter: Tipps zur Wetterdeutung

Sie kennen das: Eine Wanderung ist für das Wochenende geplant. Schnell noch ein Blick auf das Wetter. Aber auf der Wetter-Seite ist der Zielort eventuell gar nicht zu finden. Und dann sind da so komische Symbole und Zahlen. Außerdem wissen Sie aus Erfahrung, dass die Prognose häufig nicht stimmt. Wie lässt sich also erkennen, wie sich das Wetter entwickeln wird?
Eine der wichtigsten Nebensachen der Welt wird beim Wandern schnell zur Hauptsache: das Wetter. Es bestimmt nicht nur die Sichtverhältnisse und das Erscheinungsbild der Natur, sondern entscheidet auch über die notwendige Wanderausrüstung und manchmal sogar über die Möglichkeit, eine Wanderetappe überhaupt in Angriff zu nehmen. Der Blick auf den Wetterbericht ist daher ein essenzieller Bestandteil jeder Tourenplanung. Länger als eine Woche im Voraus hat das Konsultieren von Wetterdiensten aber wenig Sinn, da Prognosen so lange im Vorhinein nicht sehr aussagekräftig sind. Drei bis fünf Tage vor einer Tour beobachte ich für gewöhnlich die generelle Tendenz für die geplante Wanderregion. Freilich kann sich auch in diesem Zeitraum bis zum Starttermin noch einiges ändern. Erst einen oder zwei Tage davor sind die Vorhersagen wirklich präzise. Am Vorabend bzw. am Morgen der geplanten Wanderung schaue ich mir die Prognose dann nochmals genau an. Meist sind diese heutzutage auf einzelne Regionen bezogen sehr exakt, vor Ort kann das alles aber schon wieder ganz anders aussehen. Zudem kann sich das Wetter in den Bergen rasch ändern. Bekannte

Symbole wie Wolken oder Sonne bei den diversen Apps und Online-Wetterberichten verschaffen einen ersten Eindruck. Viel wichtiger ist jedoch der große Überblick über die Hintergründe des Wettergeschehens:

- Baut sich ein stabiles Hochdruckgebiet über der Wanderregion auf?
- Kommt eine Schlechtwetterfront – und wenn ja, aus welcher Richtung?
- Wird das Wetter wechselhaft oder bleibt es stabil?
- Wird es wärmer oder kälter?
- Weht starker Wind oder ist gar Sturm vorhergesagt?

Um sich ein umfassendes Bild über die Wetterentwicklung zu machen, empfiehlt sich ein Blick auf den schriftlich verfassten Wetterbericht renommierter Wetterdienste.

Der Alpenverein bietet für den Alpenraum eine sehr akkurate Wetterprognose:
> **www.alpenverein.at/portal/wetter**

Sehr aussagekräftig für Österreich ist die grafische Wetteranimation der österreichischen ZAMG (Zentralanstalt für Meteorologie und Geodynamik):
> **www.zamg.ac.at/cms/de/wetter/wetteranimation**

Sehr gute Erfahrungen habe ich auch mit der Wetter-App von
> **www.bergfex.at**

sowie den Prognosen von
> **www.meteoblue.com,**
> **wetter.orf.at**
> **www.wetteronline.de**

Sprechen Sie „Wetter"?
Die Fachwörter im Wetterbericht

In Wetterberichten werden vielfach Begriffe verwendet, die uns wohlvertraut und selbsterklärend erscheinen – etwa, wenn von einem „Sommertag", von „heiter bis wolkig", von „stark bewölkt" oder von „stürmischem Wind" gesprochen wird. All diese Begriffe beinhalten allerdings klar festgelegte meteorologische Definitionen, die hier erläutert werden.

Wolkenloser Himmel erklärt sich von selbst. Sobald Wolken erscheinen, bedeutet „heiter" eine maximal 25-prozentige Bedeckung des Himmels, „wolkig", wenn die Wolken über 60 Prozent des Himmels einnehmen und ein „trüber Tag" ist bei 80 Prozent Abdeckung erreicht. Bei knapp 90 Prozent ist es schließlich „stark bewölkt". Besteht der gesamte Himmel aus Wolken und ist kein blauer Fleck mehr zu sehen, ist er „bedeckt". Wenn es so stark stürmt, dass der Wind die Zweige von den Bäumen bricht und Fußgänger beeinträchtigt werden, so nennt man das einen „Sturmtag" oder „stürmischen Wind". Dann liegt die Windgeschwindigkeit bei 62 bis 75 km/h (Windstärke 8 laut Beaufortskala).

Mit einem **Sommertag** ist ein Tag gemeint, an dem es 25 °C hat oder noch wärmer ist. Steigt die Temperatur auf über 30 °C, spricht man von einem „heißen Tag", einem „Hitzetag" oder „Tropentag". Wenn die Temperatur dann auch in der Nacht nicht unter 20 °C sinkt, bezeichnet man diese als „Tropennacht". Der Blick auf das Thermometer drückt aber nur zum Teil die subjektiv wahrgenommene Temperatur aus. Diese hängt von der Luftfeuchtigkeit und dem Wind ab, sowohl bei Hitze als auch beim Kälteempfinden im Winter (Windchill-Effekt).

VORBEREITUNG EINER WANDERUNG

wolkenloser Himmel   **wolkig**   **bedeckt**

Die Regenwahrscheinlichkeit

Dieser Wert gibt die Wahrscheinlichkeit dafür an, dass es im Laufe des Tages mindestens einmal Niederschlag geben wird. Über die Regenmenge oder die Dauer des Niederschlages gibt sie keine Auskunft. Oft wird die Regenwahrscheinlichkeit fälschlicherweise direkt mit der prognostizierten Niederschlagsmenge verknüpft.

Die Niederschlagsmenge

Die Regenmenge wird meist in Millimetern angegeben. Eine Niederschlagsmenge von sieben Millimeter entspricht sieben Liter Wasser pro Quadratmeter. Das Messintervall beträgt dabei in der Regel 24 Stunden. Ein Wert, der aber nur bedingte Aussagen über die Intensität des Regens zulässt. Eine bestimmte Regenmenge über den Tag verteilt hat eine andere Intensität als dieselbe Menge binnen weniger Stunden. Als „leichten Niederschlag" bezeichnen Meteorologen Regenmengen von weniger als einem halben Liter pro Quadratmeter in einer Stunde, weniger als vier Liter pro Quadratmeter in einer Stunde werden als „mäßiger Niederschlag" bezeichnet und mehr als vier Liter pro Quadratmeter ent-

Gewitter — **Regen** — **starker Regen**

sprechen einem „starken Niederschlag". Ab einer Regenmenge von über 15 Litern pro Quadratmeter pro Stunde spricht man von „Starkregen".

Das Niederschlagsradar

Für Meteorologen ist es grundsätzlich einfacher, länger anhaltenden Regen zu prognostizieren als kurze Regenschauer. Die Frage, ob es kurzfristig regnen wird oder nicht, beantwortet am besten ein Niederschlagsradar. Entsprechende Wetter-Apps zeigen alle paar Minuten die aktuelle Verteilung der Niederschläge an. Mithilfe von Radarbildern auf Basis der Zugbewegung der Wolken wird errechnet, wohin die Regenwolken aller Wahrscheinlichkeit nach ziehen werden. Mittels dieser Radardaten kann nicht nur die örtliche Verteilung, sondern auch die Intensität des Niederschlags ermittelt werden. Diese wird mit unterschiedlichen Farben dargestellt (vgl. www.niederschlagsradar.de). Regen exakt zu prognostizieren ist und bleibt eine der größten Herausforderungen der Wettervorhersage. Für die jeweils kommenden zwei Stunden stellt das Niederschlagsradar ein zuverlässiges Tool bereit – wenn auch nicht ohne potenzielle Fehlerquellen.

Wetteranzeichen in der Natur richtig deuten

Vielsagender Himmel und Wolkenformen

Auch der Himmel stellt eine gute Wetterprognosekarte dar – sofern man sie lesen kann. Beständiges Wetter versprechen weiße, quirlige **Kumuluswolken** oder auch **Quellwolken,** die sich nachmittags auflösen sowie höher fliegende Schwalben. Diese Wolken entstehen an sonnigen Tagen, vor allem über Berghängen. Ihre Form ist prinzipiell eher breit als hoch. Ziehen sie aus süd- oder nordwestlicher Richtung heran, sind sie Vorboten einer nahenden Kaltfront.

Kumuluswolken

Tiefe Haufenschichtwolken (Stratokumulus) sind meist für schönes Wetter charakteristisch. Aufsteigende Luftmassen werden durch atmosphärische Grenzschichten in der Höhe gestoppt und breiten sich horizontal aus. Verdichten sich die Wolken jedoch so, dass sie den ganzen Himmel bedecken, bringen sie schlechtes Wetter. Umgekehrt gilt: zerfallen sie, wird es schön.

Tiefe Haufenschichtwolken

Als **Cirrus- oder Federwolken** bezeichnet man Eiskristalle, die manchmal in der Luft entstehen, wenn die dünneren Teile von Schleierwolken verdunsten. Durch den Wind fransen sie zunehmend aus und ähneln der namengebenden Feder. Schönwetter steht bevor, wenn sich diese Wolken im Tagesverlauf auflösen. Sie können aber auch Schlechtwetterboten sein, wenn sie aus Süd- oder Nordwesten heranziehen und sich verdichten.

Cirrus- oder Federwolken

Auch **Schleierwolken (Cirrostratus)** entstehen aus Eiskristallen, wenn große Luftmassen in die Höhe steigen. Sie deuten oft darauf hin, dass es in den nächsten zwei Tagen schlechtes Wetter mit Regen geben wird. Oft bemerkt man Schleierwolken kaum, sie können jedoch die Temperatur erheblich senken und die Kraft der Sonne schwächen.

Schleierwolken

Bedecken **Regenschichtwolken (Nimbostratus)** den Himmel, wird es oft noch tagelang regnen. Erst wenn die Wolkendecke aufreißt, kann man eine Wetterbesserung erwarten. Diese Art von Wolken ragt oft 2.000–5.000 Meter in die Höhe und erstreckt sich über hunderte Kilometer.

Regenschichtwolken

Die Verbindungsglieder zwischen hohen Schleierwolken und vertikalen Regenschichtwolken nennt man **Hohe Schichtwolken** oder **Altostratus.** Sie entstehen, wenn große Luftmassen langsam angehoben werden, etwa an einer Warmfront in einem Tiefdruckgebiet. Ziehen sie zunehmend vor die Sonne und sinken gleichzeitig ab, wird es die nächsten Tage durchgehend regnen.

Hohe Schichtwolken

Große Schäfchenwolken (Altokumulus) deuten auf unbeständiges Wetter hin. In Verbindung mit mittelhohen Schichtwolken bringen sie oft Regen. Türmen sie sich bei Wärme auf und mächtige, ambossförmige Wolkentürme **(Kumulonimbus)** wachsen in die Höhe, sollten Sie Ihre Schritte beschleunigen, denn Gewitter brauen sich zusammen. Am Morgen lassen sie die Wanderung aber nicht zwangsweise ins Wasser fallen, denn oft lösen sie sich zunächst auf und bringen erst am späten Nachmittag Gewitter.

Große Schäfchenwolken

Kumulonimbus

Kleine Schäfchenwolken (Cirrokumulus) sind bei uns selten zu finden. Sie lassen darauf schließen, dass sich das Wetter bald ändern wird. Im Sommer weisen sie meist auf eine Kaltfront innerhalb eines Tiefdruckgebiets hin. Oft sind sie auch Vorboten eines Gewitters.

Kleine Schäfchenwolken

Der bekannte Hochnebel besteht aus **Tiefen Schichtwolken (Stratuswolken)** und entsteht in 100–2.000 Metern Höhe. Das kommt z. B. nach starkem Regen vor oder auch, wenn das Wasser von warmen Seen verdunstet. Meist löst sich der Hochnebel am Vormittag auf. Besonders wichtig für das Wandern ist das Schlagwort Inversion: bei Hochnebel ist es am Berg wärmer als im Tal. Zudem gilt: Je schneller sich die Kondensstreifen der Flugzeuge am Himmel auflösen, desto wahrscheinlicher ist ein konstant schönes Wetter. Durch die trockene Luft in größeren Höhen bilden sich keine Wolken. Dieses Phänomen ist vor allem während herbstlicher und winterlicher Hochs zu beobachten. Auch eine schlechte Fernsicht deutet häufig auf gleichbleibendes Wetter hin.

Tiefe Schichtwolken

Verhalten bei Gewitter

Die Gefahr eines Blitzschlags ist in den Bergen nicht zu unterschätzen. Im besten Fall nimmt man rechtzeitig den Abstieg in Angriff, um gar nicht erst in eine gefährliche Situation zu kommen. Wenn jedoch die Zeit nicht ausreicht, können folgende Tipps die eigene Sicherheit erhöhen:

- ausgesetzte Geländepunkte wie Gipfel so schnell wie möglich verlassen
- weg von Drahtseilen und einzeln stehenden Bäumen
- weg von emporragenden Felsnadeln
- nie in wasserführenden Rinnen gehen
- zu senkrechten Wänden Abstand halten
- metallische Ausrüstungsgegenstände entfernen
- im Notfall auf einer isolierenden Unterlage (Biwaksack, Rucksack o. Ä.) Kauerstellung einnehmen und Füße geschlossen beieinander halten
- beachten, dass auch Höhlen nicht sicheren Schutz bieten, da sie eventuell Wasser führen

Nebel als Orakel

Für die Wettervorhersage spielt der frühe Morgen eine besondere Rolle. Frühnebel im Tal ist oft ein gutes Zeichen. In Kombination mit Sonnenschein auf den Bergen ist er ein Indiz für beständige Wetterverhältnisse. Bei Schlechtwetter wiederum lässt dichter Abendnebel eine Besserung erwarten.

Vor allem im Sommer ist auch dieses Phänomen zu beobachten: Über dem Boden hängende Nebelfetzen werden durch Turbulenzen in der Atmosphäre gewissermaßen emporgezogen und gehen in Wolken über. In diesem Fall ist mit Schauern zu rechnen.

Tiefblauer Himmel und Wind

Bei diesen Verhältnissen ist immer wieder mit Schauern zu rechnen. Das Blau entsteht durch die tiefen Temperaturen in hohen Luftschichten. Schnee- oder Graupelschauer ziehen oft binnen Minuten auf und sind ebenso schnell wieder vorbei.

Wenn der Wind dreht

Wenn der Wind auf West oder Südwest dreht und dabei Fahrt aufnimmt, steigt die Wahrscheinlichkeit für Regenwetter tags darauf erheblich. Weht der Wind aus Osten oder Nordosten, wird's zwar meistens kühl bzw. im Winter eisig kalt – aber meist auch sonnig. Eine Faustregel: Kommt Wind auf, ändert sich das Wetter. Erst recht, wenn sich zudem die Windrichtung ändert.

Kein oder sehr wenig Wind ist immer ein Zeichen von schönem Wetter, man befindet sich unmittelbar in einem Hoch.

Steigender Luftdruck

Mit steigendem Luftdruck wird auch das Wetter besser. Fällt der Luftdruck, sind Niederschläge wahrscheinlich. Auf einer Uhr mit Höhenmesser können Sie ablesen, ob und wie sich der Luftdruck ändert: Wird ein höherer Standort angezeigt, ist der Luftdruck gefallen. Im umgekehrten Fall ist der Luftdruck gestiegen. Um stets aktuelle Daten zu erfassen, sollten Sie den Höhenmesser regelmäßig kalibrieren, das heißt auf die tatsächliche Höhe einstellen. Dazu einfach an Wegweisern oder an der Hütte die Standorthöhe ablesen und in die Uhr eingeben.

Morgenrot

„Geht die Sonne feurig auf, folgen Wind und Regen drauf." Ein intensives Morgenrot gilt im Flachland als Schlechtwetterbote. Es entsteht, wenn von Westen Schleierwolken aufziehen.

Abendrot

Österreich liegt in der Westwindzone, Fronten mit Wolken ziehen meist von Westen nach Osten. Wenn also die untergehende Sonne in abziehende Wolken scheint, wird das Licht gebrochen, es entsteht ein schönes Abendrot. Mit großer Wahrscheinlichkeit wird der nächste Tag schön.

Nachttemperaturen und Halo

Grundsätzlich gilt: Kalte, klare Nächte verheißen gutes Wetter, warme Nächte oder ungewöhnlich milde Morgenluft eher schlechtes Wetter. Sehen Sie im Sommer einen Dunstring (Halo) um den Mond, wird es in ein oder zwei Tagen wohl anfangen zu regnen. Die Eiskristalle in den Wolken brechen das Licht, ein Ring entsteht.

> **MEIN TIPP**
>
> Welche Art Luftdruck vorherrscht, verrät auch der Rauch eines Lagerfeuers oder von Schornsteinen: Steigt der Rauch eher zögerlich auf, deutet dies auf ein Tiefdruckgebiet hin. Bei hohem Luftdruck steigt Rauch hingegen zielstrebiger empor. Auch Kaffee kann als Wetterfee dienen: Bei hohem Luftdruck sammeln sich Luftblasen auf der Oberfläche des Kaffees in der Mitte der Tasse, bei niedrigem an dessen Rand.

Wetter-Apps und Websites richtig verwenden

Es gibt kaum jemanden, der in der heutigen Zeit für Wettervorhersagen nicht zuallererst auf Smartphone, Tablet oder PC zurückgreift. Wie man Wetterdaten am besten interpretiert, veranschaulicht Markus Kümmel, einer der Gründer und Geschäftsführer von „bergfex", anhand der Darstellung der Wetter-App von „bergfex". Die Anwendung ist auch auf alle anderen Quellen und Prognosedienste übertragbar.

In den Prognosemodellen werden Symbole, Temperaturangaben und Sonnenstundendauer, aber auch Wahrscheinlichkeitswerte zu Niederschlagsmengen angeführt. Im nachstehenden Beispiel sieht man in der Prognose (horizontal) über dem Symbol zwischen 14:00 und 15:00 Uhr die Zahl 80. In diesem Zeitraum ist mit einer Niederschlagswahrscheinlichkeit von 80 Prozent zu rechnen – man kann also davon ausgehen, dass Regenschauer sehr wahrscheinlich sind.

Ein weiterer wichtiger Indikator ist die Niederschlagsmenge. In diesem erwähnten Beispiel wird diese für den aktuellen Tag mit 0,1 Liter angegeben („Heute"). Diese Menge ist sehr gering, das heißt, auch bei einer recht hohen Wahrscheinlichkeit von 80 Prozent muss man gerade einmal mit wenigen Tropfen rechnen. Für den nächsten Tag kann man anhand der Parameter schnell erkennen, dass es mit sehr hoher Wahrscheinlichkeit größere Mengen regnen wird (90 Prozent und fünf Liter).

In den meisten Fällen werden die dargestellten Wettersymbole aufgrund dieser Parameter bestimmt, beispielsweise wird bei einer prognostizierten Niederschlagswahrscheinlichkeit von „größer als 50 Prozent" und einer gewissen Niederschlagsmenge vom Symbol „Bewölkung" auf „Regen" gewechselt.

Ein Wetterradar bietet weitere wichtige Informationen zur Interpretation der aktuellen Lage. Im nächsten angeführten Bild erkennt man Bereiche mit wolkenlosem Himmel, Bereiche mit Bewölkung (weiß) und solche mit Niederschlag (grün/blau). Bei den meisten Wetterradardarstellungen

kann man über eine Zeitleiste die vergangene Entwicklung darstellen. Spult man die letzten Stunden ab, so lässt sich zumeist die Zugbahn von Fronten erkennen und somit abschätzen, wie sich diese weiterentwickeln werden.

Wetterstationen helfen ebenfalls, einen Überblick über die aktuelle Wettersituation zu erhalten. Niederschlag in „Millimeter pro Quadratmeter" oder in „Liter pro Quadratmeter" zeigt an, wo es gerade wie stark regnet (oder auch schneit) bzw. ob gerade die Sonne scheint. Hier helfen dann auch Webcams weiter, mit denen sich ein direkter Blick in die gewünschte Region werfen lässt.

Von kurz- bis langfristig: So entstehen Wetterprognosen

Für Wetterprognosen verwendet man sogenannte Wettermodelle. Numerische Wettervorhersagen sind rechnergestützte Vorhersagen. Aus dem Zustand der Atmosphäre zu einem gegebenen Anfangszeitpunkt wird durch das Lösen numerischer Gleichungen der Zustand zu späteren Zeiten berechnet. Diese Berechnungen umfassen teilweise mehr als 14 Tage und sind die Basis aller heutigen Wettervorhersagen.

Modelle basieren auf unterschiedlichen Auflösungen. Die Auflösung gibt die Genauigkeit der Prognose an. Grundsätzlich gilt: Je höher die Auflösung, desto kürzer der (realistische) Prognosezeitraum. Das bedeutet, dass etwa ein Modell mit einem 1-x-1-km-Raster nicht so weit in die Zukunft prognostiziert wie Modelle mit 10 x 10 km Auflösung. Die immer größer werdenden Rechenleistungen von Computern ermöglichen jedoch gerade in diesem Bereich große Fortschritte. Größere Datenmengen in kürzerer Zeit zu verarbeiten, bedeutet immer genauere Prognoseergebnisse.

Die Verwendung unterschiedlicher Modelle zur Wettervorhersage kann man am Beispiel der „bergfex"-Wetter-App veranschaulichen. Hier werden für die Darstellung der nächsten neun Tage drei verschiedene Prognosemodelle verwendet.

Die Kurzzeitprognose (null bis vier Stunden) kommt aus dem von der ZAMG entwickelten INCA-Modell. Dieses liefert auf einem 1-x-1-km-Raster für ganz Österreich stündlich aktualisierte Prognosen von Temperatur, Luftfeuchtigkeit, Wind, Globalstrahlung sowie viertelstündlich aktualisierte Prognosen von Bewölkung, Niederschlag und Niederschlagsart. Vom INCA-Modell geht die Wetterprognose in das ALARO-Modell über. Dieses hat eine Auflösung von 4,8 x 4,8 km und wird für die Prognose der nächsten 72 Stunden im zentral- und osteuropäischen Raum verwendet. Für längerfristige Prognosen wird schließlich das Modell ECMWF herangezogen, das 2-mal täglich Aussagen zu globalen Wettervorhersagen trifft. Das atmosphärische Modell rechnet zurzeit bis zu 15 Tage im Voraus.

Wandern 2.0: GPS, Smartphone, Apps & Co

Wer mit der Zeit geht, wandert auch mit Hilfsmitteln am Puls der Zeit. Die Rede ist von technischem Wanderequipment, das sich seit Jahren zunehmender Beliebtheit erfreut. Die wichtigsten Infos über GPS-Geräte, Apps und das Smartphone als idealen Wanderführer finden Sie in diesem Kapitel.

Was kann GPS?

Wie das Global Positioning System (GPS) funktioniert und wieso es ein unverzichtbares Wanderwerkzeug ist.

Gastbeitrag von **Oliver Jusinger,** *Gründer und Geschäftsführer von „bergfex"*

Begriff und Funktion

GPS ist ein System zur Positionsbestimmung mittels Satelliten. In den 70er-Jahren vom US-Verteidigungsministerium für das Militär entwickelt, wird es mittlerweile weltweit auch im zivilen Bereich genutzt. GPS-Geräte senden nicht, sondern sind reine Empfänger von Signalen. Diese werden von aktuell mehr als 30 um die Erde kreisenden Satelliten ausgesendet. Über das GPS-Signal wird die Entfernung zum Satelliten ermittelt, ab vier Signalen bzw. Satelliten lässt sich mathematisch die Position auf der Erde ziemlich genau bestimmen. In der Praxis bedeutet das, dass für eine genaue Positionsbestimmung ein „Sichtkontakt" (ähnlich wie bei SAT-Schüsseln) zu möglichst vielen Satelliten notwendig ist. Wenn das etwa in Schluchten oder unter Felswänden nicht oder nur eingeschränkt gegeben ist, wird die Positionsbestimmung ungenau oder schlimmstenfalls unmöglich.

Europas Alternative

Seit Kurzem gibt es in Europa ein eigenes Satellitennavigationssystem namens „Galileo". Die Vorteile sind eine höhere Genauigkeit und die Unabhängigkeit vom US-militärischen GPS. Einige Smartphones unterstützen dieses Navigationssystem bereits. An der Bedienung ändert sich dadurch für die Anwender nichts, denn die Geräte kümmern sich selbst um die Positionsermittlung und nutzen dafür alle gerade verfügbaren Systeme.

Eine Frage der Genauigkeit

Neben einem möglichst freien Blick auf den Himmel gibt es auch noch andere Faktoren für eine höhere Genauigkeit der Position. Die Chips im GPS-Empfänger werden laufend weiterentwickelt und verbessert. Neuere Geräte verwenden modernere Chips und versprechen damit eine höhere Genauigkeit.

Mein Eindruck ist, dass Smartphones sehr viel schneller ihre Position finden als klassische GPS-Geräte. Der Grund liegt in der Verwendung von A-GPS („assisted GPS"). Via Mobilfunknetz und WLAN erfolgt damit in der Umgebung vorab eine grobe Positionsbestimmung, die eine nähere Bestimmung per GPS-Signal beschleunigt.

Konventionelle GPS-Geräte neuerer Generation (z. B. Navis, Garmin) unterstützen ebenso A-GPS. Für diese ist dann aber regelmäßig eine interne Datenbank zu aktualisieren. Bei idealen Bedingungen kann man eine Genauigkeit von einem bis fünf Metern erwarten, bei schlechten GPS-Signalen kann die Genauigkeit aber auch nur 20 bis 50 Meter betragen.

Nicht nur die eigene Position kann ungenau sein, auch aufgezeichnete Daten von anderen Personen sind aus denselben Gründen nie exakt. Außerdem ist es nicht unüblich, Wegpunkte zu „optimieren", also z. B. eine annähernd gerade Linie durch eine gerade Linie zu ersetzen (und damit alle Zwischenpunkte zu entfernen), was die Datenmengen stark reduziert. Schwache GPS-Geräte freut das, bei der Navigation sollte man aber Tourendaten nie völlig vertrauen. Es ist ohnehin nicht sichergestellt, dass die GPS-Daten tatsächlich mit einem GPS-Gerät aufgezeichnet wurden oder ob sie nicht einfach mehr oder weniger ungenau am Computer auf einer Karte per Maus eingezeichnet wurden. Auch das ist ein gängiger Weg, um angebliche GPS-Tourenverläufe zu erstellen.

GPS als Höhenmesser

Grundsätzlich lässt sich über GPS auch die Seehöhe ermitteln, allerdings ist hier die Ungenauigkeit deutlich höher. Die meisten Outdoor-Geräte und bessere Smartphones besitzen deshalb einen barometrischen Höhenmesser. Diese können Änderungen viel genauer erfassen, müssen aber regelmäßig kalibriert werden (Einstellung auf die absolute Höhe für den aktuellen Luftdruck). Solche Geräte mit barometrischem Höhenmesser kalibrieren bei zuverlässigem GPS-Signal automatisch und bieten damit die Vorteile von beiden Varianten der Höhenmessung.

Ungenauigkeiten addieren sich in Statistiken: Geht man am Meeresstrand entlang und hat bei jedem aufgezeichneten Wegpunkt eine Ungenauigkeit von plus/minus ein paar Höhenmetern, hat man den Aufzeichnungen zufolge bald einen kleinen Berg gemeistert. Apps versuchen diese Schwankungen zu filtern (Tiefpass), aber ganz exakt können Statistiken nie sein: Lässt man beim Joggen drei Apps mitlaufen, bekommt man deshalb überraschend unterschiedliche Auswertungen bei den geschafften Höhenmetern.

GPS-Uhr oder Smartphone?
Hightech für unterwegs

Welches Tool navigiert mich am besten durch Berg und Tal? GPS-Uhren, Smartphones oder ein klassisches GPS-Handgerät? Alle Vor- und Nachteile im Überblick:

Klassische GPS-Handgeräte
Die direkten Nachfahren der Wanderkarten sind klein, oft nur faustgroß, und auf das Wesentliche reduziert: Orientierung im Gelände, Ortspeilung, Wege finden, Wanderstrecken tracken.

Vorteile:
- Robustheit
- lange Akkulaufzeit
- (mehr oder weniger) bewährte Hard- und Software
- Kartenmaterial verfügbar
- voll funktionsfähig ohne Internet

Nachteile:
- Hardware nicht so leistungsfähig wie bei Smartphones (langsam, kleine Displays mit niedriger Auflösung)
- Software entsprechend schlicht
- Synchronisieren von Daten mühsamer als mit Smartphones
- Kartenmaterial evtl. mit Zusatzkosten verbunden und/oder kompliziert zu installieren

Anwendung: primär Orientierung und Navigation bei längeren und/oder extremeren Touren, hohe Zuverlässigkeit

GPS-Uhren

Diese wurden ursprünglich für das Joggen entwickelt und stellen eine effiziente Trainingshilfe für Sportler dar. GPS-Armbanduhren sind überaus handlich und vereinen eine Reihe praktischer Funktionen wie Pulsmesser, Schrittzähler, MP3-Player oder eine kontaktlose Bezahlfunktion. Sie erlauben die Aufzeichnung diverser sportlicher Aktivitäten wie Laufen, Schwimmen oder Wandern. Längst lassen sich Geräte mit eingebautem GPS auch für die Orientierung im Gelände nutzen. Das macht sie gerade für Wanderer besonders nützlich und interessant. Auch wenn es die kleinen Displays zunächst nicht vermuten lassen: Bei manchen dieser Geräte ist auch ein Kompass, ein Höhenmesser, ein Barometer und sogar eine Kartendarstellung inkludiert.

Achtung: Die Akkulaufzeit beträgt beim Tracking oft nur wenige Stunden! Bei längeren Touren ist daher eine Powerbank zum Aufladen notwendig.

Smartphones

Normale oder spezielle Outdoor-Smartphones stellen eine echte Alternative zu einem GPS-Gerät dar. Im Notfall kann man außerdem telefonieren und die Kamera ist ebenso praktisch. Der Schwachpunkt Akkulaufzeit kann mit dem Einsatz einer Powerbank umgangen werden. Auch die Möglichkeit, verschiedenste Apps zu verwenden, ist ein Riesenvorteil.

Vorteile:
- großes Angebot an leistungsfähiger Software
- großes hochauflösendes Display (z. B. für Kartenmaterial)
- aktuelle Infos und Synchronisation automatisch via Internet (falls verfügbar)
- moderne, leistungsstarke Hardware

- Das Gerät ist meist ohnehin dabei.
- vielseitig einsetzbar, z. B. mit Pulsmesser-Brustgurt koppelbar
- je nach App und Land hervorragendes Kartenmaterial verfügbar samt Positionsanzeige und Navigation

Nachteile:
- Akkulaufzeit bei Tracking maximal ein Tag (im Worst Case kann bei intensiver Nutzung, Kälte und altem Akku auch nach zwei bis drei Stunden schon Schluss sein. Speziell bei Android passiert es häufig, dass andere Apps im Hintergrund unnötig viel Akkuleistung verbrauchen).
- Ärger mit instabilen/unausgereiften Apps, App-Kosten am besten vergleichen
- Zur Bedienung lästiges Freischalten (PIN/Fingerabdruck/Gesichtserkennung), auch Handschuhe und Touchscreens vertragen sich nicht.
- Manche Apps benötigen überraschenderweise Internet bzw. sind ohne Internet nutzlos. Das heißt, mit Stress bei schlechter Internetverbindung ist zu rechnen.
- keine Notrufmöglichkeit, wenn der Akku für das Tracking aufgebraucht wurde
- wenig robust (nicht fallenlassen, temperaturempfindlich)

Anwendung: Aktivitäten aufzeichnen, Navigation maximal für Tagestouren, für Smartphone-Begeisterte mit Erfahrung

Was zählt, ist der eigene Geschmack
Oliver Jusinger meint: „Auf welches Gerät man letztlich zurückgreift, ist zum großen Teil Geschmackssache bzw. beruht auf Vorlieben, Er-

fahrungen, Einsatzzweck und dem Sicherheitsbedürfnis. Ich persönlich verwende seit Jahren kein GPS-Handgerät mehr, sondern benutze stattdessen Smartphones mit Apps – sogar für kleine Weitwanderwege. Eine Powerbank und Papierkarte als Fallback sind dann aber Pflicht. Mein USB-Solarpanel hat sich in der Mongolei als überraschend hilfreich für die halbe Runde samt Guide bewährt. Dieses würde ich aber trotzdem nur verspielten Leuten empfehlen – damit sind keine Wunder zu erwarten. Einige meiner Freunde bevorzugen dagegen Garmin-Geräte. Zumindest für Halbtageswanderungen bei Plus-Temperaturen finde ich Smartphones ausreichend, ein einigermaßen modernes Gerät mit guter Akkuleistung vorausgesetzt. Zudem sollte man eine passende App suchen, sich mit ihr auseinandersetzen und sichergehen, dass sie auch ohne Internet einsatzfähig ist. Ein Kartendownload vorab sollte möglich sein."

MEIN TIPP:

ELEKTRONISCHE KARTEN VERSUS KARTEN AUF PAPIER:
Der Vorteil elektronischer Karten oder Handy-Apps liegt darin, dass der Nutzer im Idealfall stets weiß, wo er sich befindet. Die Himmelsrichtungen sind ebenso klar wie die Seehöhe. Zudem sieht man eindeutig, ob der Weg noch der richtige ist.
Der Vorteil einer Karte aus Papier liegt in ihrer großen Übersicht. Durch den guten Gesamtüberblick ist für mich eine Karte in Papierform bei der Planung einer Tour immer noch unerlässlich. Zudem ist die analoge Karte vom Strom unabhängig.

Das GPS sollte nie die analoge Wanderkarte (bzw. die Fähigkeit, diese zu lesen) komplett ersetzen, sondern stellt eine praktische zusätzliche Hilfe dar. Die Satellitenortung funktioniert mittler-

weile in der Regel – zumindest in den Alpen – sehr gut. Geräte, die sowohl GPS als auch die russischen GLONASS-Satellitensignale empfangen können, sind vorzuziehen.

ACHTUNG BEI TOURENPORTALEN!
Dort kann oft jeder ohne Kontrolle seine Tracks hineinstellen. Tracks aus Portalen sind daher mit Vorsicht zu genießen und kritisch zu prüfen. Die Routen können falsch und im schlimmsten Fall sogar gefährlich sein.

Apps für Ups & Downs

Dank nützlicher Apps für Wandertouren verwandelt sich heute jedes Smartphone in einen praktischen Wander-Guide mit ausgezeichnetem Kartenmaterial.

bergfex-Touren

Diese App bietet eine detaillierte Kartendarstellung, verschiedene Kartenmodi und mehr als 70.000 Touren mit Schwerpunkt im Alpenraum. Topografische Karten sind weltweit verfügbar. In der Pro-Version können die Karten auch für die Offline-Verwendung unterwegs in den Bergen heruntergeladen werden.

Outdooractive

Outdooractive stellt unterschiedliche Karten in unterschiedlichen Kaufversionen zur Verfügung. Ein eigenes Redaktionsteam sowie Tourismuspartner und Alpenvereine erstellen professionelle Tourenbeschreibungen. Die App zählt über eine Million Nutzer, mehr als 100.000 verfügbare Touren im Portal sowie eine Suchfunktion.

alpenvereinaktiv

Das Tourenportal der Alpenvereine bietet die Möglichkeit, in verschiedenen Abo-Modellen unterschiedliche Karten zu nutzen, Touren zu finden und über die Community aktuelle Infos zu bekommen. Großartig sind auch die von den Alpenvereinen redaktionell erstellten Tourenbeschreibungen.

ViewRanger

Sowohl kostenlose als auch kostenpflichtige Karten aus vielen Ländern der Welt. Wanderrouten können einzeln gekauft oder als Abo bezogen werden. Eigene Routen können erstellt und hochgeladen werden. Umfangreiche Navigations- und Aufzeichnungsmöglichkeiten. Aufgezeichnete Tracks lassen sich nachträglich bearbeiten.

ape@map

Diese App erlaubt es, Karten unterschiedlicher Hersteller zu kaufen und zu verwenden. Zudem kann man mit der App auch sehr gut Touren planen – das heißt Touren zu Hause am Computer auf der Karte einzeichnen und diese dann als GPX-Track in der App oder mit einer GPS-Uhr/einem GPS-Gerät nachgehen.

Komoot

Komoot macht dem Nutzer Tourenvorschläge für den aktuellen Aufenthaltsort. Die App punktet durch eine einfache Bedienung und eine klare Kartendarstellung.

Maps.me
Diese praktische App verwende ich häufig im außereuropäischen Ausland, jedoch eher zum Navigieren auf Straßen. Die App ist einfach zu bedienen, die Karten sind recht gut und man kann einzelne Ausschnitte für eine Offline-Nutzung während einer Reise auch herunterladen. Angezeigt werden auf Wunsch auch Restaurants, Hotels sowie Reisetipps.

OsmAnd
Eine Karten-App, die mit Vielseitigkeit punktet. Sie ist vor allem für Reisen geeignet – mit vielen eingezeichneten Wanderungen, Sehenswürdigkeiten, öffentlichen Toiletten, Parkplätzen usw. Man sollte sich allerdings wegen der Vielfalt an Möglichkeiten vorab ein wenig mit der App vertraut machen.

Maps 3D PRO – Outdoor GPS
3-D-Ansichten erleichtern die plastische Vorstellung des Geländes. Das weltweite Kartenmaterial ist kostenlos.

Runtastic
Runtastic wurde ursprünglich entwickelt, um Laufrouten zu verfolgen, mittlerweile ist es auch sehr gut für das Tracken von Wanderrouten ausgebaut.

Google Maps
Der Routenplaner und die Navi-App meiner Wahl für Autofahrten zum Ausgangspunkt von Wanderungen, in Städten und auf Reisen. Angeboten werden auch (zeitbegrenzte) Offline-Kartenbereiche zum Download für eine Verwendung unterwegs ohne Datenempfang. Für Wanderungen selbst ist Google Maps aber nicht bzw. kaum geeignet.

bergfex-Wetter
Mich überzeugt der sehr detaillierte Wetterbericht für den österreichischen Alpenraum inklusive Wetterradar und Webcams.

meteoblue
Wer sich in der freien Natur bewegt, braucht immer einen Blick auf das aktuelle Wetter. Mit dieser App behalten Sie den Überblick und erhalten sehr genaue Prognosen.

Am Pico Ruivo auf Madeira

Versicherungen

Wer in den Bergen wandern ist, sollte auch immer auf eine gute Versicherung für Unfälle achten. Richtig versichert zu sein, steigert nicht nur die mentale Trittsicherheit am Berg, sondern kann im Fall des Falles auch große Unannehmlichkeiten und hohe Kosten ersparen.

Gastbeitrag zum optimalen Versicherungsschutz von **Guenter Hupfer,** *staatlich geprüfter Lehrwart Bergwandern*

Die Fakten:

Grundsätzlich werden Rettungseinsätze und Rettungsflüge in vielen Ländern Europas dem jeweiligen Patienten direkt verrechnet.

In **Österreich** werden Bergrettungseinsätze und Flugrettungstransporte bei Freizeitunfällen im alpinen Gelände von den Krankenkassen nicht bezahlt. Ein teilweiser Kostenersatz ist möglich, wenn ein bestimmter Grad der Verletzung bzw. Erkrankung vorliegt. Im Fall einer akuten Erkrankung wird zusätzlich die genaue Ursache geprüft (Quelle: Gebietskrankenkasse, ÖAMTC).

In **Deutschland** werden Rettungskosten im alpinen Gelände von den Krankenversicherungen nur dann übernommen, wenn der Rettungseinsatz medizinische Gründe hat (Quelle: Stiftung Warentest).

Auch in der **Schweiz** deckt die Grundversicherung der Krankenversicherung Rettungskosten nur zu einem geringen Teil ab (Quelle: Alpine Rettung Schweiz).

Italien: Das italienische Servizio Sanitario Nazionale (SSN) ist bei der Übernahme von Rettungskosten nach alpinen Freizeitunfällen ebenfalls sehr zurückhaltend.

Somit können Bergungs- und Transportkosten nach einem Freizeitunfall im alpinen Gelände ganz schön in die Höhe schnellen. 2.000 bis 7.000 Euro kommen hier, je nach Komplexität des Einsatzes, rasch zusammen. Ist aber die verletzte Person Mitglied eines alpinen Vereines, so sieht die Sache schon wieder ganz anders aus. In den meisten Fällen sind aktive Mitglieder durch eine Mitgliederversicherung vor übermäßigen Kosten geschützt. Aktives Mitglied ist jedoch nur, wer den Mitgliedsbeitrag für das aktuelle Kalenderjahr bezahlt hat.

Was ist über eine Mitgliedschaft in einem alpinen Verein versichert?

Versichert sind je nach angebotener Versicherung des Vereins Vereinsmitglieder und meistens auch Kinder und Jugendliche sowie Mitglieder im Familienverband. Für Detailinfo zu Ihrem Versicherungsschutz bei Mitgliedschaft in einem der Vereine, kontaktieren Sie bitte den jeweiligen Verein. Der grundlegende Versicherungsschutz für Mitglieder der oben angeführten alpinen Vereine umfasst meist folgende Leistungen:

Bergungskosten

Das sind die Kosten für das Suchen nach einem Verletzten, für seine Bergung aus unwegsamem Gelände, für seine Erstversorgung und für seinen Transport vom Unfallort/Auffindungsort bis zur nächstgelegenen Straße oder bis zum nächstgelegenen Spital.

Rückhol- oder Verlegungskosten

So bezeichnet man die Kosten des ärztlich empfohlenen und schriftlich bestätigten Verletztentransportes vom Krankenhaus, in das der Verletzte nach dem Unfall gebracht wurde, an seinen Wohnort bzw. in das seinem Wohnort nächstgelegene Krankenhaus.

Überführungskosten

Das sind die Kosten der Überführung eines tödlich verunfallten Menschen an seinen letzten Wohnort.

Dauerhafte Invalidität

Eine finanzielle Leistung wird von der Versicherung für eine festgestellte Gesamtinvalidität in einem bestimmten Ausmaß (Grad) meist einmalig ausbezahlt. Der Grad der Invalidität kann frühestens ein Jahr nach dem Unfall durch einen Gutachter festgestellt werden.

Haftpflicht und Rechtsschutz

Manche Mitgliederversicherungen alpiner Vereine umfassen auch eine Rechtsschutzversicherung für Strafverfahren und Anwalts- sowie Beratungskosten.

Kreditkarten-Versicherungen

Diese bieten zum Teil inkludierte Versicherungsleistungen an. Dabei sollte jedoch darauf geachtet werden, dass diese manchmal recht eingeschränkt und auch an gewisse Bedingungen geknüpft sind. Bei manchen Anbietern muss die Kreditkarte zeitnahe als Zahlungsmittel verwendet worden sein. Kontaktieren Sie im Zweifelsfall auf jeden Fall Ihre Bank, bevor Sie zu einer Wanderung oder Wanderreise aufbrechen!

Spezielle Reiseversicherungen für Auslandswanderreisen

Diese werden von Reiseveranstaltern bei der Buchung einer Reise angeboten. Die Leistungen beinhalten – je nach gewählter Versicherungsvariante – Reisestorno, Reiseabbruch, Verspätungsschutz, medizinische Leistungen im Ausland und Heimtransport, Bergungskosten,

Reisehaftpflicht, Hilfe bei Haft oder Haftandrohung im Ausland und weltweite 24-Stunden-Soforthilfe.

Im Fall der Fälle

Sollte es zu einem Freizeitunfall kommen, ist es zur Abstimmung der weiteren Schritte wichtig, umgehend die Versicherungsgesellschaft zu kontaktieren und möglichst rasch mittels eines Meldeformulars den Unfall zu melden. Sofern eine Versicherung über einen alpinen Verein besteht, ist es für eine zusätzliche Unterstützung wichtig, auch diesen zu informieren. Die entsprechenden Formulare und Informationsblätter liegen bei den Ortsstellen aus oder können von der jeweiligen Homepage heruntergeladen werden. Das ausgefüllte und unterschriebene Meldeformular ist dann umgehend, fallweise inklusive Rechnungen (Bergung, Flugrettung usw.) und Mahnungen, im Original an die Versicherung zu schicken.

Schottland – Old Man of Storr auf Trotternish, Isle of Skye

Ausgezeichnetes Wandern: Wege, Orte & Unterkünfte

Es wurde einem noch nie so leicht gemacht wie heute, mit dem Wandern zu beginnen. Deutschland, Österreich, Italien und die Schweiz sind überzogen von einem riesigen Netz an markierten Wanderwegen. Alpenvereine und Wanderclubs, aber auch viele regionale und überregionale Tourismusverbände bieten umfassende Informationsangebote. Dazu kommen zertifizierte Wanderwege und Regionen sowie Wanderdörfer und Betriebe mit eigenen Wander-Gütesiegeln. Hier eine kurze Übersicht:

ÖSTERREICH:

Österreichisches Wandergütesiegel
Die Vereinigung zur Qualitätssicherung für Wandern in Österreich zeichnet sowohl Wanderwege, Wanderregionen, Wanderdörfer, Beherbergungsbetriebe als auch spezielle Wanderprodukte mit ihrem Gütesiegel aus. Ziel der Zertifizierung ist es, einen Prozess der ständigen Qualitätsverbesserung anzustoßen und zu begleiten.
Infos: www.wanderguetesiegel.at

Tiroler Bergwege-Gütesiegel
Das Tiroler Bergwege-Gütesiegel gibt es seit 1984. Kriterien für die Verleihung sind die Schwierigkeitseinteilung, die Entschärfung von Gefahrenstellen und eine einheitliche Markierung samt dazugehörigen Wegtafeln sowie Gesamtinformationen für Wanderer an

den Ausgangspunkten und bei den Infozentren der Wandergebiete. Infos gibt es auf der Homepage des Landes Tirol.

Österreichs Wanderdörfer
Im Mittelpunkt des 1991 gegründeten Vereins steht die Förderung des Tourismus mit ökologischem Anspruch nach strengen Kriterien. 44 Regionen, 55 qualitätsgeprüfte Dörfer und 620 Hütten bieten vielfältige Angebote für jeden Geschmack.
Infos: www.wanderdoerfer.at

DEUTSCHLAND:

Qualitätsweg Wanderbares Deutschland
Der Deutsche Wanderverband zeichnet Wanderwege mit dem Prädikat „Qualitätsweg Wanderbares Deutschland" aus, wenn sie abwechslungsreich und aussichtsreich sind sowie ein eindrucksvolles Naturerlebnis versprechen. Jeder Wanderweg wird nach insgesamt neun Kernkriterien und 23 Wahlkriterien aus fünf Bereichen analysiert, wie etwa Wegeführung, Markierung oder regionale Sehenswürdigkeiten.
Infos: www.wanderbares-deutschland.de

Qualitätsgastgeber Wanderbares Deutschland
Um interessierten Wanderern Orientierungshilfen für die Wahl der Reiseziele zu geben, zeichnet der Deutsche Wanderverband besonders wanderfreundliche Unterkünfte und Gastronomiebetriebe aus. Um das Siegel „Qualitätsgastgeber Wanderbares Deutschland" zu erhalten, müssen teilnehmende Häuser 23 Kernkriterien und acht (aus 18) Wahlkriterien erfüllen.
Infos: www.wanderbares-deutschland.de

Deutsches Wandersiegel für Premiumwege
Das Deutsche Wanderinstitut e. V. bewertet Stärken und Schwächen von Wanderwegen mit einem umfangreichen Kriterienkatalog. 34 Kriterien mit fast 200 Merkmalen übersetzen die Qualität des Wandererlebnisses in Zahlen und geben damit den mit dem Siegel ausgezeichneten Premiumwegen eine Qualitätsgarantie. Landschaft, Wegebeschaffenheit und historische Bauwerke am Wegesrand werden neben vielen weiteren Kriterien in die Bewertung einbezogen.
Infos: www.wanderinstitut.de

LÄNDERÜBERGREIFEND:

Alpine Pearls – Umweltfreundliche Urlaubsorte
23 Urlaubsorte in den Alpen in Österreich, Deutschland, Frankreich, Italien, Slowenien und der Schweiz genießen durch die Erfüllung der höchsten Ansprüche an Nachhaltigkeit und umweltfreundliche Mobilität den Titel „Alpine Pearl". Höchste Mobilität ohne ein eigenes Auto steht im Mittelpunkt.
Infos: www.alpine-pearls.com

Bergsteigerdörfer
Die Bergsteigerdörfer nehmen eine Vorbildfunktion ein: Sie setzen sich nicht nur aktiv für die Umsetzung der Alpenkonvention ein, sondern stärken auch die lokale Wertschöpfung unter Berücksichtigung der Aspekte der Nachhaltigkeit. Gefördert wird der Alpinismus in all seinen Formen sowie Sport- und Erholungsangebote.
Infos: www.bergsteigerdoerfer.org

Alpine Vereine

Wandervereine und alpine Vereine sind Vereinigungen mit langer Tradition. Ihre Ursprungsidee liegt in der Förderung des Wander- und Bergsports, wofür sie auch die Infrastruktur wie Hütten, Wege und Kletteranlagen zur Verfügung stellen. Regelmäßig bieten die Vereine geführte Wander- und Bergtouren an. Ein zentraler Wert ist auch die Förderung des Natur- und Umweltschutzgedankens.

In der Praxis stellen die Vereine ein breites Informationsangebot inklusive Wetterberatung zur Verfügung und haben Freizeitangebote und Kurse im Programm. Vereinsmitglieder genießen besondere Vorzüge – etwa vergünstigtes „Bergsteigeressen" und „Teewasser" auf Vereinshütten oder einen umfassenden Versicherungsschutz inklusive Unfallschutz und Bergungskosten (oft auch für Auslandsreisen). Die Kosten einer Mitgliedschaft liegen bei 45 bis 90 Euro pro Jahr.

Deutscher Alpenverein (DAV)

Der 1869 gegründete DAV ist ein Verein der Superlative: Mit über 1,35 Millionen Mitgliedern ist er der größte alpine Verein der Welt und zudem auch der größte Naturschutzverband Deutschlands. Das jährliche Wachstum beträgt nach wie vor um die fünf Prozent. Der Verein verfügt über 325 vereinseigene Hütten und ein 30.000 Kilometer langes betreutes Wegenetz sowie eine beeindruckende Vielfalt diverser Angebote. Die zweimonatlich erscheinende Mitgliederzeitschrift „DAV-Panorama" ist mit 600.000 Exemplaren die weltweit auflagenstärkste Bergsteigerzeitschrift.

Österreichischer Alpenverein (ÖAV)

Der größte Bergsteigerverein Österreichs wurde im Jahr 1862 als zweiter Alpenverein weltweit aus der Taufe gehoben. Der Verein zählt Anfang 2021 mehr als 600.000 Mitglieder, 230 vereinseigene Hütten und betreut 26.000 Kilometer Berg- und Wanderwege. Mit rund einer Million Hüttenbesucherinnen und Hüttenbesuchern ist der ÖAV auch Österreichs größter Beherbergungsbetrieb.

Naturfreunde

Die Naturfreunde verstehen sich als Verein, in dessen Mittelpunkt die Beziehung zwischen Mensch und Natur steht. Zentrale Werte sind der Umweltschutz, Nachhaltigkeit, Gemeinnützigkeit und Toleranz. Derzeit zählen sie in Österreich etwa 160.000 Mitglieder, die sich auf neun Landesorganisationen und 460 Ortsgruppen verteilen. Der Verein betreut rund 140 Hütten.

Österreichischer Touristenklub

Der ÖTK ist der zweitälteste und drittgrößte alpine Verein in Österreich. Neben der touristischen Erschließung der Alpen ist der Erhalt der Bergwelt in ihrer Ursprünglichkeit das Hauptziel. Der Klub betreut 50 Hütten und ein Netz an Wanderrouten von rund 20.000 Kilometern. Etwa 25.000 Menschen sind Mitglied im ÖTK.

Verband Alpiner Vereine Österreichs (VAVÖ)

Der Verband Alpiner Vereine Österreichs ist die Dachorganisation aller alpinen Vereine Österreichs und repräsentiert über 700.000 Mitglieder. Der Verband bildet auch Wander- und Bikeguides aus und koordiniert die Interessensvertretung seiner Mitgliedsverbände.

Club Alpino Italiano (CAI)

Der CAI ist der nationale alpine Verein Italiens und hat seinen Hauptsitz in Mailand. Rund 760 Rifugi alpini (Schutzhütten und Biwake) werden von ihm in den Alpen und am Apennin betreut.

Alpenverein Südtirol (AVS)

Der Alpenverein Südtirol mit Sitz in Bozen wurde 1946 gegründet und versteht sich als Vereinigung der Bergsteigervereine deutscher und ladinischer Muttersprache in Südtirol. Er hat über 70.000 Mitglieder und arbeitet in vielen Bereichen mit dem DAV und dem ÖAV zusammen.

Schweizer Alpen-Club (SAC)/Club Alpin Suisse (CAS)

Der Schweizer Alpen-Club wurde 1863 gegründet und zählt heute rund 150.000 Mitglieder. Er betreibt mehr als 150 vereinseigene Berghütten in den Schweizer Alpen.

Club Arc Alpin (CAA)

Der Club Arc Alpin mit Sitz in München wurde 1995 gegründet und fungiert als Dachverband aller großen Bergsportverbände des Alpenbogens (Arc alpin). Dazu zählen: DAV, ÖAV, CAI, AVS und SAC sowie FFCAM (Fédération française des clubs alpins et de montagne), LAV (Liechtensteiner Alpenverein) und PZS (Slowenischer Alpenverein). Zusammen zählt er über zwei Millionen Mitglieder.

UIAA

Die „Union Internationale des Associations d'Alpinisme" (Internationale Vereinigung der Alpenvereine) verbindet rund 90 Bergsteiger-Organisationen aus 68 Ländern. Gegründet wurde die UIAA 1932 in Chamonix.

Alpine Club

Der älteste Bergsteigerverband der Welt wurde im Jahr 1857 in London gegründet. Englands Upper Class sowie adelige Männer wie der Habsburger Herrscher Erzherzog Johann waren lange Zeit die Vorreiter des Wanderns und des Bergsports.

Deutscher Wanderverband

Der Deutsche Wanderverband, bzw. der Langform nach der Verband Deutscher Gebirgs- und Wandervereine fungiert als Dachverband aller deutschen Wandervereine. 600.000 Mitglieder sind in über 3.000 Ortsgruppen zusammengefasst.

Deutsches Wanderinstitut e. V.

Im Rahmen des Deutschen Wanderinstituts kooperieren unabhängige ExpertInnen, die verschiedenste Aspekte des Wanderns erforschen. Gefördert werden unter anderem die Entwicklung des Wandertourismus, die Erforschung der Wirkungen des Wanderns sowie neue Wanderkonzepte. Auch die Wissensvermittlung ist eine seiner Hauptaufgaben.

AUSRÜ

Unterwegs im Velebit-Gebirge an der Küste Kroatiens

STUNG

Die optimale Wander-
ausrüstung

Von Kopf bis Fuß aufs Wandern eingestellt! Ohne den perfekten Wanderschuh kann das schönste Outdoor-Erlebnis rasch zur Qual werden, ohne den richtigen Sonnenschutz am Kopf ebenso. Darüber hinaus sind allerlei kleine Dinge bei der Auswahl des optimalen Equipments zu beachten. Folgen Sie mir nun durch mein langjährig erprobtes A bis Z der Wanderausrüstung. Meine Ausrüstungstipps gelten unter der Annahme von sicher begehbaren Wanderwegen bei Plusgraden.

Von Ausweise bis Zwiebelprinzip: Ausrüstungstipps von A bis Z

Ausweise

Besonders im Ausland praktisch: Alle wichtigen Ausweise und Dokumente scannen/fotografieren und sich auf den eigenen Webmail-Account senden. Damit hat man im Notfall weltweit Zugriff auf seine Dokumente in digitaler Form.

Daunenjacke, Daunengilet

Sind kühlere Temperaturen zu erwarten, habe ich immer eine leichte Daunenjacke, ein Daunengilet oder alternativ eine Jacke mit Kunstfaserfüllung (z. B. PrimaLoft) mit dabei. Daunen sind wärmer, aber teurer und feuchtigkeitsempfindlicher als Kunstfasern: Nasse Daunen „klumpen" zusammen und verlieren dann ihre Wärmeisolationsfähigkeit. Eine leichte und griffbereite „eiserne Wärmereserve" ist oft Gold wert.

MEIN TIPP:

Es gibt Jacken mit einer sogenannten „Crystal-Down-Füllung". Die Daunen sind hier silikonisiert und der Stoff ist DWR-imprägniert (= Durable Water Repellent). Dadurch sind sie viel weniger feuchtigkeitsempfindlich.

E-Reader

Mit einem E-Reader spart man Gewicht und hat trotzdem immer eine große Menge an Büchern dabei. Durch das Hintergrundlicht kann man auch in schlecht beleuchteten (Hütten-) Zimmern sehr gut lesen. Außerdem lässt sich die Schriftgröße einstellen.

Erste-Hilfe- & Notfallset

Ein leider oft vernachlässigtes Thema, die Mitnahme ist aber sehr zu empfehlen! Damit kann man sich bei kleineren Verletzungen wirkungsvoll selbst verarzten und Wunden erstversorgen.

Ich nehme auf meine Wanderungen immer folgendes mit, empfehle aber eine Adaptierung an den eigenen Bedarf:

- Alu-Rettungsdecke
- Dreieckstuch
- Elastische Binde, 2 Verbandspäckchen, Mullbinden, Wundauflagen
- Pflaster

- Wunddesinfektion (z. B. Betaisodona)
- breites Tape (z. B. Leukoplast, mind. 2,5 cm – eignet sich zusätzlich für kleine provisorische Reparaturen) und Blasenpflaster
- Wundsalbe: sehr gut bei wunder Haut, falls es durch starkes Schwitzen zum Wundscheuern kommt und/oder die Lippen aufspringen. Meine persönliche Empfehlung: Bepanthen.
- Ich nehme stets auch ein starkes Schmerzmittel zur Schockbekämpfung mit.
- evtl. kleiner Biwaksack

MEIN TIPP:

Es gibt von einigen Anbietern spezielle Erste-Hilfe-Rucksacksets, z. B. von Tatonka.

Fernglas

Besonders wichtig, wenn man Vögel oder andere Tiere beobachten möchte, aber auch für ein intensiveres Studieren der Landschaft. Ich bevorzuge für das Wandern leichtere Modelle mit einer Vergrößerung von 8x oder 10x, größere sind zu schwer. Ich setze auf die Ferngläser von Swarovski oder Leica, da mich die optische Qualität überzeugt. Was bei allen gilt: Je höher die Lichtstärke und je größer das Sichtfeld, desto schwerer und auch tendenziell teurer werden Ferngläser.

Funktionsjacke

Ohne eine sogenannte Hardshell-Funktionsjacke („Goretexjacke") gehe ich nicht in die Berge. Eine leichte, atmungsaktive und zugleich wasser- und winddichte Funktionsjacke ist wichtig als Wind-, Wetter- und Kälteschutz. Bitte keine gefütterte, schwere Winterjacke mit auf die Wanderung nehmen. Wichtig ist, auf geringes Gewicht bei gleichzeitig hoher Strapazierbarkeit und eine gute Passform zu achten. Eine hochwertige Jacke hat zwar meist ihren Preis, aber ein solches Kleidungsstück begleitet Sie über viele Jahre und durch so manches üble Wetter.

Hardshell oder Softshell?
Ich persönlich bevorzuge auf Wanderungen und Reisen, bei denen es potenziell regnen kann, immer eine Hardshell-Funktionsjacke mit darunterliegenden weichen Schichten aus Fleece, Wolle oder Daune. Softshell-Jacken verwende ich nur bei sicherem Hochdruckwetter wie z. B. auf Skitouren oder in südlichen Ländern, wenn hauptsächlich eher leichter Wind zu erwarten ist, die atmungsaktive Funktion im Vordergrund steht und Nässeschutz kein Thema ist.

MEIN TIPP:
Ich bevorzuge dreilagige Jacken, die besonders lange Arme sowie einen Reißverschluss zur Belüftung unter den Achseln haben und auch ausreichend lang geschnitten sind, damit sie gut über mein Gesäß reichen. Beim Anprobieren im Geschäft sollte man auch immer eine dickere Jacke darunter anziehen!

GPS

Siehe ausführliche Info im Kapitel „Wandern 2.0" ab Seite 60.

Handy

Dieses ist auch ein Sicherheitsfaktor beim Wandern und sollte daher immer ausreichend geladen sein, um im Notfall damit Hilfe rufen zu können. Außerdem dient es als Navigationshilfe (siehe Kapitel Wandern 2.0, Seite 60), für Wetterinfos und zum Reservieren von Hüttenschlafplätzen. Achtung: In manchen Bergregionen gibt es keinen Empfang, also Schlafplätze frühzeitig reservieren.

Haube und Handschuhe

Wiegen nicht viel, können aber bei windigem, kaltem Wetter einen großen Wohlfühl-Unterschied ausmachen. Der menschliche Körper verliert einen großen Teil der Wärme über den Kopf.

Hüttenschlafsack/Innenschlafsack

Berghütten im Alpenraum verlangen die Verwendung eines Hüttenschlafsacks mit Polsterfach. Ich empfehle einen Hüttenschlafsack aus Seide. Innenschlafsäcke aus Baumwolle wiegen oft ein Vielfaches. Ich verwende meinen Hüttenschlafsack auch als Innenschlafsack für meinen Daunenschlafsack. So muss man den Daunenschlafsack weniger oft waschen und gewinnt noch einmal 2–3 Grad an Wärme.

Hüttenschuhe oder leichte Ersatzschuhe

Hütten bieten zwar im Alpenraum oft Hausschuhe an, ich habe aber bei einer Wanderung mit Hüttenübernachtungen meist leichte Flip-Flops im Gepäck. Bei abgelegenen Mehrtages-Touren nehme ich einen sehr leichten Trekking-Schuh als Hausschuh für die Hütte mit und haben dann gleich einen Ersatzschuh für Notfälle.

Kabelbinder

Ja – richtig gelesen. Diese kleinen, leichten Plastikspangen sind ein universell einsetzbares Reparaturutensil: zum Beispiel bei einem kaputten Reißverschluss oder Rissen in Bekleidung und im Rucksack.

Leggins

Dünne Leggins (Elastik-Kunstfaser oder Merinowolle) sind multifunktional verwendbar: Als Wechselhose, wenn die Wanderhose nass oder schmutzig geworden ist, als Unterzieh-Reserve für kühle Tage und zugleich auch als Abendbekleidung oder sogar Schlafbekleidung auf Hütten.

Liegematten

In diesem Bereich hat sich gerade in den vergangenen Jahren extrem viel getan. Bei niedrigen Temperaturen hilft der beste Schlafsack wenig, wenn man eine zu dünne Matte verwendet und die Kälte von unten kommt. Stand der Technik sind heute aufblasbare Matten unterschiedlicher Dicke, Füllungszusätze und Preisklassen. Die wichtigsten Auswahlkriterien sind Dicke, Gewicht, Packmaß, Wärmeleistung und Preis. Es gibt

Liegematten bzw. Luftmatratzen mit Füllungen aus Schaumstoff, Kunstfasern und Daune – oder auch ohne Füllung mit alubedampften Stegen, welche die Wärme zurück zum Körper reflektieren.

MEIN TIPP:
WICHTIG! Immer ein passendes Reparaturset mitnehmen, kleine Dornen können die aufblasbare Matte schnell ruinieren und damit Ihre Nachtruhe nachhaltig stören – und das für die gesamte Reise!

Merinowoll- oder Fleece-Jacke

Bietet als Komponente des „Zwiebelprinzips" etwas Kälteschutz, ist aber auch gemütlich als Abendbekleidung auf Hütten.

MEIN TIPP:
Ich bevorzuge eher dünnere Jacken mit Kapuze aus einer Gewebemischung von Merino und Polyester

Notfallausrüstung

Bei längeren, sehr entlegenen und einsamen Touren ohne Handyempfang anzuraten: Signalgeber (Trillerpfeife, Leuchtraketen, starke Taschenlampe oder Spiegel), evtl. ein Satellitentelefon.

Packsäcke

Verschiedenfarbige Packsäcke erleichtern das Verstauen und Finden der Ausrüstungsgegenstände im Rucksack. Man kann auch normale Plastik- oder Stoffsäcke verwenden.

> **MEIN TIPP:**
> Ich bin ein Fan der wasserdichten und sehr leichten Packsäcke der Firma „Exped". Bei längeren Wanderungen ist in einem größeren die Wechselwäsche und in einem andersfarbigen kleineren Packsack aller Kleinkram wie Kabel, Schreibzeug, E-Reader, usw.

Powerbank

Ein Zusatz-Akku ermöglicht das 2- bis 3-malige Wiederaufladen des Handys, wenn man ohne Stromversorgung ist. Durch die Angabe des mAh-Wertes (Milliamperestunden) kann man die Leistung des jeweiligen Akkus erkennen, also die Speicherkapazität an Energie. Powerbanks verhindern den Stress bei fast leeren Handy-Akkus und versorgen auch die GPS-Uhren und den E-Reader mit Strom.

Proviantbox

Eine wiederverwendbare Proviantbox aus Aluminium oder Kunststoff schützt die Lebensmittel und reduziert zugleich den Plastikabfall.

Regengamaschen, Stoffgamaschen

In Gegenden, in denen es häufig regnet, bei hohem und nassem Gras bzw. wenn der Boden sehr lehmig und matschig ist, können Regengamaschen eine wunderbare Ausrüstungsergänzung sein. Man verhindert damit wirkungsvoll, dass Regenwasser von oben in die Schuhe eindringt. Vor allem bei wärmeren Temperaturen empfehle ich Gamaschen aus atmungsaktivem Material (z. B. Goretex).

Regenponcho, Regenhose und/oder Schirm?

Wenn es richtig schüttet, dann bietet die Outdoorjacke allein nicht mehr ausreichend Schutz, denn Hose, Rucksack und Schuhe werden triefnass. In solchen Fällen braucht es auch einen Schutz des unteren Körperbereichs, etwa mit einer Regenüberhose (aus atmungsaktivem Goretex), sowie des Rucksackes mit einer Regenhülle. Mir persönlich ist das Gehen mit einer Regenhose – selbst aus atmungsaktivem Material – aber meist viel zu warm, daher bevorzuge ich einen vergleichsweise luftigen Regenponcho. Bei Regen ohne Wind und einfachem Gelände ist auch ein kleiner Regenschirm eine gute Wahl. Es gibt spezielle, sehr stabile und gleichzeitig leichte Wanderschirme im Bergsporthandel.

Reepschnur

Ein paar Meter Reepschnur (dünne Leine) kann sehr praktisch sein: zum Wäscheaufhängen bei Mehrtagestouren oder für Befestigungen, als Ersatzschuhbänder und auch für kleine Reparaturen.

Reparaturutensilien

Hier nochmals zusammengefasst – Beschreibung unter den einzelnen Gegenständen: Taschenmesser, breites Tape, Reepschnur, Kabelbinder.

Schlafsack

Für eine Hüttenübernachtung ohne Bettdecken reicht ein leichter Sommerschlafsack. Wenn es Decken gibt, reicht ein Hütteninnenschlafsack. Ich verwende einen aus Seide.

Schlafsack für das Übernachten im Freien im Gebirge

Bei einer Übernachtung im Freien oder im Zelt im Gebirge ist nichts schlimmer als ein zu dünner Schlafsack, in dem man nachts friert. Die Angaben der Hersteller sind nicht immer optimal. Hier habe ich meine Erfahrungen zusammengefasst, worauf man bei der Auswahl des Schlafsacks für das Übernachten im Freien achten sollte:

- Orientieren Sie sich unbedingt am angegebenen „Komfortbereich", denn die „Extremtemperatur" gibt lediglich an, bei welcher Temperatur man gerade noch überlebt! Wird Ihnen rasch kalt, dann sollten Sie unbedingt Reserven einplanen und einige Grade selbst dazudenken. Zudem schwanken Temperaturen in den Bergen oder anderswo im Freien stark. Es gibt überall immer wieder außergewöhnlich kühle Perioden, auch in den an sich warmen Jahreszeiten.

- Im Schlafsack selbst wenig anziehen, sonst kann sich dieser nicht erwärmen! Bei Kälte eine Decke oder auch die Wanderjacke ÜBER den Schlafsack legen. Immer eine geeignete Matte als Unterlage verwenden, denn viel Wärme geht nach unten verloren.
- Wenn es kalt ist, unbedingt den Schlafsack ganz zumachen und auch die Kapuze um den Kopf herum ganz zuziehen, bis nur mehr eine kleine Gesichtsöffnung zum Atmen bleibt, evtl. zusätzlich eine Haube tragen.
- Bei Kälte wirkt auch eine Wärmeflasche Wunder – dazu kann auch eine sicher verschraubbare Metalltrinkflasche dienen. Aber Achtung vor Verbrennungen: Nur Wärmeflaschen mit sicherem Verschluss benutzen, gut zuschrauben und immer in etwas einwickeln.

Basiswissen zu Daunenschlafsäcken

Schlafsäcke mit Daunenfüllung sind um einiges leichter und im zusammengelegten (komprimierten) Zustand kleiner als solche mit Kunstfaserfüllung. Auch das Schlafklima ist in einem Daunenschlafsack viel angenehmer. Die entscheidende Angabe ist die „Bauschkraft", gemessen in Cuin. Daunen im Bereich von 750 bis maximal 900 Cuin sind hochwertig – man hat deutlich spürbar mehr Wärme bei wesentlich geringerem Packmaß. 650 bis 700 Cuin sind in Ordnung, darunter wird es ineffizient.

Die Angabe 90/10 gibt wiederum an, dass als Füllung 90 Prozent Daunen und 10 Prozent Stützfedern verwendet wurden. Je höher der Daunenanteil, desto hochwertiger, wärmer und teurer ist das Produkt. 70/30 wäre dementsprechend eine nicht besonders gute Daunenfüllung, 80/20 ist in Ordnung, 90/10 sehr gut.

Feuchtigkeitsempfindlichkeit versus Gewicht:

Der Nachteil von Daunenschlafsäcken ist deren Feuchtigkeitsempfindlichkeit. Ein feuchter Daunenschlafsack verliert sehr stark an Wärmeleistung. Schlafsäcke mit Kunstfaserfüllung sind etwas unempfindlicher, dafür sind diese – bei gleicher Wärmeleistung – schwerer. Beim Thema Feuchtigkeit geht es nicht nur um Regennässe, sondern auch um Feuchtigkeit durch Kondenswasser im Zelt. Nach einer Zeltnacht sollte man den Schlafsack stets am folgenden Tag am besten in der Sonne trocknen.

Kompressionssäcke & Lagerung

Ich verwende zu einem Daunenschlafsack immer auch einen eigenen Kompressionssack, z. B. von der Firma „Exped". Einen Daunenschlafsack sollte man nicht zu ordentlich zusammenlegen – denn das knickt Material und Daunen. Stattdessen stopft man diesen in den dafür vorgesehenen Packsack. Mittels einer Entlüftungsöffnung und Kompressionsgurten kann man den Schlafsack für den Transport ultraklein komprimieren.

MEIN TIPP:
Länger lagern sollten Daunenschlafsäcke im komprimierten Zustand nicht. Dafür gibt es eigene große, luftige Lagersäcke aus Baumwolle.

Innenschlafsack verwenden

Daunenschlafsäcke soll man möglichst selten waschen, weil jeder Waschvorgang die Qualität der Isolierung mindert. Daher immer zusätzlich einen waschbaren Innenschlafsack – am besten einen aus Seide – verwenden. Dieser erhöht auch die Wärmeleistung des Schlafsackes nochmals ein wenig.

Waschen von Daunenschlafsäcken

Waschen Sie Ihren Schlafsack mit einem speziellen Daunenwaschmittel, welches das für die Isolation wichtige Eigenfett der Daunen nicht zu stark angreift. An der Luft trocknen und dabei immer wieder gut aufschütteln, damit die Daunen nicht zusammenklumpen und wieder luftig werden.

Sonnenbrille (plus Brillenbox)

Wichtig sind bei einer Sonnenbrille ein guter UV-Schutz und eine Form, die auch die Strahlung von der Seite her abschirmt. Zusätzlich empfehle ich eine stabile Brillenbox.

Softshell-Gilet

Wärmt und schützt den Oberkörper und wiegt nicht viel. Arme und Schultern bleiben frei, was bei schweißtreibenden Anstiegen in kühleren und oft auch leicht windigen Bergregionen sehr hilfreich ist.

Stirnlampe

Leicht und vielfach einsetzbar: ob zum Finden der Toilette in der nächtlich-dunklen Hütte, als Leselicht in düsteren Zimmern oder auch als Sicherheitsausrüstung, wenn man beim Wandern ungeplant in die Dunkelheit gerät. Durch die LED-Technologie sind die Lampen heutzutage sehr leistungsstark und stromsparend.

> **MEIN TIPP:**
> Manchmal schalten sich die Lampen ungewollt im Rucksack ein und sind dann leer, wenn man sie braucht. Um das zu verhindern, eine der Batterien beim Transport umdrehen, dann kann das nicht passieren. Auch Reservebatterien mitnehmen!

Taschenmesser

Ein Taschenmesser mit einigen praktischen Werkzeugen gehört für mich zur Wander-Grundausrüstung. Ich verwende seit 40 Jahren immer dasselbe Modell, das Schweizermesser „Victorinox Climber" mit Messer, Schere, Pinzette, Dosen- und Flaschenöffner, uvm.

Trekkingschuhe, niedrige

Wenn man gut trainierte Bänder und Beinmuskeln hat, sind solche Schuhe ideal für leichte bis mittlere Wanderungen. Durch die Noppensohle sind sie rutschfest und auch geländetauglich. Trekkingschuhe gibt es mit und ohne Goretex-Futter – je nach Klima und Feuchtigkeit am Weg sollte man dies bei der Auswahl beachten. Bei mehrtägigen Touren dienen sie auch gut als Ersatzschuh und als Hüttenschuh für den Abend. Für weniger gut trainierte Wandernde empfehle ich aber auf allen Wanderungen knöchelhohe Wanderschuhe.

Trekkingtuch (Multifunktions-Schlauchtuch oder Buff)

Ein Schlauchtuch aus elastischer Kunstfaser wiegt fast nichts und ist sehr vielfältig einsetzbar:

- als dünne Haube als Wind- und Sonnenschutz für den Kopf

- als Stirnband mit Ohrenschutz
- als Halstuch inklusive Nackenschutz
- als Schweißband am Handgelenk
- als MNS während der Coronazeit und bei extrem staubigen Wegen

Wanderhemd

Es gibt im Bergsporthandel langärmelige Hemden – meist aus Kunst- oder Mischfaser – mit geprüftem Sonnenschutzfaktor. Achtung: Helle, dünne Baumwollhemden bieten keinen oder kaum Sonnenschutz.

Wanderhose

Meine Erfahrung: Wer im Bergsportgeschäft nach einer Wanderhose fragt, bekommt oftmals eine zu dicke „Hochtouren-Berghose" empfohlen. Diese mag für hochalpine Gletschertouren eine gute Wahl sein, aber für normales Bergwandern bei eher moderaten oder gar heißen Temperaturen ist so eine Hose unpassend, weil sie zu warm ist. Ich bevorzuge bei allen meinen sommerlichen Wanderungen eine dünne Hose mit abzippbaren Beinlingen. Gegen Kälte rüste ich mich mit einer Überhose oder trage darunter eine lange Unterhose oder Leggins aus Wolle oder Kunstfaser. Normale Stoffhosen sind für das Wandern nicht so gut geeignet, das Gewebe ist wenig strapazierfähig. Wenn Jeans nass werden, trocknen sie lange nicht und kleben am Körper.

Wanderhut oder Wanderkappe

Die Wichtigkeit eines Sonnenschutzes für den Kopf wird oft unterschätzt und kann gar nicht oft genug betont werden. Ohne Kopfbedeckung können Sonnenbrände und Sonnenstiche inklusive Übelkeit auftreten. Tragen Sie als Sonnenschutz immer eine Kopfbedeckung, die auch den Nacken schützt (z. B. einen breitkrempigen Wanderhut), um einen Sonnenbrand im Nacken zu vermeiden. Die Kopfbedeckung schützt auch vor Wind und Nieselregen und erspart Ihnen abendliche Kopfschmerzen in der Hütte.

Wanderrucksack

Ein optimaler Wanderrucksack ist die wichtigste „Hardware" für Ihre Outdoor-Aktivitäten. Entsprechend sorgfältig sollte dieser zentrale Reisebegleiter ausgesucht werden: Kompakt und leicht soll der Rucksack sein und alles fassen können, was Sie für die jeweilige Tour benötigen. Alle Dinge sollten sich zudem übersichtlich verstauen lassen, um unnötiges Kramen und hektisches Herumwühlen zu vermeiden. Schlüssel und Wertsachen brauchen ebenso ihren bestimmten Platz wie Regenponcho und Regenhülle, die im Falle eines Regengusses rasch bei der Hand sein sollten.

Größe

Diese ist naturgemäß abhängig von der geplanten Tour, es braucht also unterschiedliche Rucksäcke für unterschiedliche Anforderungen: Für Tageswanderungen im Sommer reichen Volumen um die 30 Liter. Bei längeren Wandertouren mit Übernachtungen sollte das gute Stück schon etwas mehr Volumen fassen. Hier macht sich jedes Gramm weniger Gewicht bezahlt. Je größer und schwerer das mitgenommene Gepäck, desto besser und stabiler müssen stets auch das Tragegestell und die Gurte des Rucksackes ausgeführt sein. Ein zu leichter Rucksack mit einem unzureichenden Tragesystem und zu schmalen Gurten ist auch nicht sinnvoll.

Passform

Entscheidend sind die geeignete Länge des Tragsystems, ein perfekter Sitz der Trage- und Hüftgurte und eine gute Durchlüftung am Rücken. Um das zu beurteilen, ist es sinnvoll, den Rucksack im Geschäft mit entsprechendem Gewicht gefüllt auszuprobieren. Es gibt auch eigene Modelle für Frauen mit entsprechend geschnittenen Gurten und auch eigene länger gestellte XL-Modelle für groß gewachsene Menschen.

MEIN TIPP:

1–2 Kletterseile sind ein guter „Befüllungsersatz" als Test. Diese sind in vielen Sportgeschäften verfügbar.

Ausführung

Ich achte immer auf folgende Kriterien:

- ein Rucksack-Tragesystem mit Netz, sodass der Rucksack nicht direkt am Rücken aufliegt, sondern einen Abstand zur Belüftung hat. Das ist wichtig, um nicht unnötig zu schwitzen, und ein Schutz vor Verkühlungen.
- eine sinnvolle Unterteilung des Rucksackes, um Ordnung zu halten. Das heißt für mich: Innen- oder Außenfächer, ein kleines Innenfach mit Zippverschluss für Geldtasche, Schlüssel und andere Wertgegenstände, Befestigungsgurte für Wanderstöcke, Trinkflasche und nasses Gewand.
- eine Regenhülle in einem eigenen Fach an der Unterseite oder eine wasserdichte Ausführung des ganzen Rucksackes,
- geringes Gewicht bei gleichzeitig ausreichender Stabilität,
- insgesamt aber nicht zu viele außen angebrachte Bändel, Riemen und sonstige Gimmicks. Diese bedeuten immer Zusatzgewicht und im schlimmsten Fall bleibt man damit irgendwo hängen.

Wie stelle ich das Rucksack-Tragesystem richtig ein?

Das Rucksack-Tragesystem sorgt dafür, dass die Last im Rucksack optimal auf den Körper des Wanderers übertragen wird und es eine gewisse Belüftung des Rückens gibt. Dadurch ist der Rucksack komfortabler und besser zu tragen. Die wichtigsten Einstellungsmöglichkeiten sind hier beim Hüftgurt, Schultergurt und Brustgurt:

Schultergurt
Brustgurt
Hüftgurt

Einstellung des Hüftgurts:

Nehmen Sie den gefüllten Rucksack und positionieren Sie die Hüftpolster so, dass diese ca. 3 cm über dem Beckenkamm (= oberer Abschluss des Beckenknochens) liegen. Dann die Schnalle des Hüftgurts vor dem Bauch schließen und den Gurt fester ziehen. Damit sollte ein großer Teil des Rucksackgewichts auf dem Hüftgurt und damit auf Ihren Hüften ruhen.

Einstellung der Schultergurte:

Nach dem Einstellen des Hüftgurtes können Sie mit der Einstellung der Schultergurte experimentieren: Wenn man diese lockert, kommt mehr Gewicht auf die Hüfte. Wenn man die Gurten straffer zieht, verteilt man das Gewicht mehr auf die Schultern. Es empfiehlt sich, die Lastenverteilung im Laufe der Wanderung einige Male zu wechseln, um so die Belastung zu variieren.

Einstellung des Brustgurts:
Dieser befindet sich zwischen den Schultergurten und kann in der Höhe etwas nach oben und unten verschoben werden. Stellen Sie seine Höhe in eine für Sie komfortable Position auf Ihrem Brustkorb ein, schließen Sie dann die Schnalle und ziehen Sie den Gurt etwas fester. Dadurch trägt der ganze Brustkorb die Rucksacklast mit. Auch hier kann man die Lastverteilung variieren: Je straffer der Brustgurt, desto mehr Last wird auf den Oberkörper übertragen. Ist der Gurt lose gespannt, geht mehr Gewicht auf die Schultern bzw. in die Hüften.

Weitere Einstellungen:
- Viele Rucksäcke erlauben auch das Einstellen der Länge des Tragesystems auf die eigene Körpergröße.
- Bei manchen Modellen kann man zudem auch den Abstand des Tragesystems vom Rücken bzw. die Stärke der Biegung des Systems einstellen.
- Größere Rucksäcke haben dazu noch sogenannte „Lastkontrollriemen" – das sind Gurte oben auf den Schultergurten, mit denen man die Rucksacklast stabilisieren und nochmals justieren kann.
- „Laststabilisierungsgurte" findet man ebenfalls bei größeren Modellen unten im hinteren Teil der Hüftgurte.

Wanderschuhe

Der Wanderschuh ist das Verbindungsglied zwischen dem Wandernden und der Natur. Ein Schnittstellenproblem gilt es daher unbedingt zu vermeiden. Der richtigen Auswahl des individuell optimalen Wanderschuhs sollten Sie daher größte Aufmerksamkeit schenken.

Der passende Schuh für unterschiedliches Gelände

Grundsätzlich gilt: Je anspruchsvoller das Gelände, desto steifer, fester und höher sollte der Schuh sein. Für die meisten mittelschweren Wanderungen empfehle ich knöchelhohe Schuhe mit einer guten Dämpfung und einer guten Sohlen- und Schuhstabilität. Ist der Schuh mit einer „Vibram"-Sohle ausgestattet, ist das durchaus ein Qualitätsmerkmal. Am Markt gibt es leider viele zu weiche Schuhe, mit denen Sie auf Dauer keine Freude haben werden. Gleichzeitig gibt es auch ein „zu gut": Denn sehr schwere, steigeisenfeste Schuhe braucht man wirklich nur bei anspruchsvollen Schnee- und Eisbegehungen.

> **HINWEIS:**
> Für sehr einfache Wege können Sie unter Umständen auch einen niedrigen Trekkingschuh mit guter Sohle verwenden. Trainierte Wandernde verwenden diese Schuhe oft auch in mittlerem Gelände. Das empfehle ich persönlich aber nicht, denn die Gefahr von Knöchelverletzungen durch Umkippen ist bei untrainierten Menschen hoch.

Innenfutter: Tex-Membran, Vollleder oder Textil?

Ein Innenfutter aus Tex-Membran verhindert, dass Feuchtigkeit von außen zum Fuß durchdringen kann. Wer viel bei Regen, im Schnee oder nassen Gras wandert, sollte zu Tex-Membran-Modellen greifen. Eine Membran ist ein Material mit sehr kleinen Löchern, die in das Gewebe eingearbeitet ist. Die Löcher sind 20.000-mal kleiner als ein Wassertropfen. Schuhe mit Tex-Innenfutter sind zudem wesentlich leichter als Schuhe mit Lederfutter. Der Nachteil: Obwohl die wasserdichte Schicht atmungsaktiv ist, schwitzt man darin stärker als in Schuhen ohne Membran. Wer vermehrt in heißen Ländern oder auf trockenen, befestigten Wegen unterwegs ist und eher zum Schwitzen neigt, sollte evtl. zum klassischen Vollleder-Schuh oder einem Schuh mit Textil-Innenfutter greifen. Schuhe mit Lederfutter trocknen allerdings langsamer, wenn sie einmal nass geworden sind.

Zeit zum Schuhkauf mitbringen

Neue Wanderschuhe kauft man am besten nachmittags, denn der Fuß schwillt im Laufe des Tages an. Im Geschäft sollte man die Schuhe mindestens 15 Minuten mit speziellen Wanderso-

cken tragen und dabei auch das Auf-und-ab-Gehen auf schrägen Flächen simulieren. Achten Sie auf die optimale Größe.
- Schuhlänge: Beim Bergabgehen dürfen die Zehen nicht vorne anstoßen.
- Schuhbreite: Die Füße dürfen weder hin- und herrutschen (Blasengefahr!) noch im Schuh zu eng eingeklemmt sein.

MEIN TIPP:
Manche Schuhhersteller bieten ihre Schuhe nicht nur in verschiedenen Längen, sondern auch in unterschiedlichen Leisten (= Breiten) an.

Nach dem Kauf sollten die Schuhe bei kurzen Wanderungen unbedingt eingegangen werden. So überprüft man nochmals die Passform und entdeckt potenzielle Reibestellen. Danach steht einzigartigen Wandererlebnissen nichts mehr im Wege.

Wanderschuhe richtig trocknen

Nach einer Tageswanderung bedürfen auch die Wanderschuhe eines geeigneten Rastplatzes. Sind die Schuhe nass geworden, lassen sie sich gut auch von innen her trocknen, indem man sie mit zusammengeknülltem Zeitungspapier ausstopft und an einen warmen Ort stellt. Das Zeitungspapier zieht dann die Nässe von innen heraus – wie ein Kerzendocht das Wachs. Die Schuhe nicht ins kalte Freie stellen, da sie dort durch den Morgentau zusätzlich feucht werden könnten. Aber auch sehr heiße Heizräume sind kein idealer Lagerplatz, denn dadurch können nach einiger Zeit Klebestellen austrocknen. Schon öfter habe ich fast neuwertige Schuhe erlebt, bei denen sich die Sohle ablöste, nachdem sie zu lange in zu heißen Heizräumen gelagert wurden.

Wanderschuhe richtig pflegen

Eine regelmäßige Pflege erhöht die Haltbarkeit der Wanderschuhe, vor allem der Nähte. Bei Schuhen mit Lederinnenfutter ist die Pflege essenziell für den Feuchtigkeitsschutz der Schuhe und Füße beim Wandern. Bei einem Tex-Schuh bitte keinesfalls „Schuhfett" verwenden, da das Öl die Poren der Membran verklebt und funktionslos macht. Besser eignen sich Produkte auf Wachsbasis. Hier sollte man den Schuh beim Auftragen mit einem Föhn auf eine wärmere Temperatur bringen, damit das Wachs gut einziehen kann.

Wanderschuhe richtig schnüren

Ein guter Wanderschuh muss auch immer richtig geschnürt werden. Sind die Schuhbänder zu lose, haben Sie keinen optimalen Halt im Schuh. Zu fest geschnürte Schuhe wiederum behindern evtl. die Blutzirkulation im Fuß. Die Schuhbänder immer zuerst im unteren Teil gut zuziehen, dann erst im oberen Bereich. Viele Hersteller helfen hier mit speziellen „Tiefzughaken". Ein zusätzliches Verknoten der Schlaufen nach dem Zubinden verhindert ein unbeabsichtigtes Öffnen der Schuhbänder unterwegs.

Sohlenverbund von Wanderschuhen nach längeren Schuhpausen checken!

Ein gar nicht so selten auftretendes Problem bei Wanderschuhen ist, dass sich nach einigen Jahren vor allem bei wenig benutzten Schuhen die Verklebung der Sohlen löst. Manchmal geht gleich die ganze Sohle ab.

> **MEINE ERFAHRUNG:**
> Das Problem tritt vor allem bei in warmen Heizräumen gelagerten und länger nicht benutzten Wanderschuhen auf, ab einem Alter von ca. 5–7 Jahren. Also bitte vor allem nach einer längeren „Schuh-Pause" die Klebestellen zwischen Schuh und Sohle gut kontrollieren. Checken Sie, ob der Kleber porös ist und sich evtl. am Rand schon löst. Gegebenenfalls die Schuhe vom Schuster oder im Fachgeschäft neu besohlen lassen. Unterwegs kann man die Schuhe übergangsweise mit Textil-Klebeband reparieren oder man hat ein Paar „Trail-Turnschuhe" als Ersatz-/Zweitschuh mit.

Wanderschuhe richtig benutzen

Wichtig für das Wandern sind kurz geschnittene Fußnägel, saubere Füße und spezielle Wandersocken. Wie man Blasen vorbeugt und behandelt, können Sie im Kapitel „Gesund und sicher unterwegs" auf Seite 174 nachlesen.

Wandersocken

Hat man endlich den richtigen Wanderschuh gefunden, kann's endlich losgehen. Nein, Halt! Denn auch die falschen Socken können beim Wandern richtig lästig werden und im schlimmsten Fall sogar zu Blasen und schmerzhaften Füßen führen. Normale Alltagssocken sind auf alle Fälle zu dünn und es besteht die Gefahr von Reibestellen. Für mich kommen ausschließlich Wandersocken aus Merinowolle infrage. Diese Socken verhindern Blasen, sorgen für ein angenehmes

Fußklima, riechen bei Gebrauch weniger streng als Socken aus Kunstfaser und sind daher unerlässlich für das Wohlbefinden bei allen längeren und auch kürzeren Wanderungen.

MEIN TIPP:

An warmen Tagen nicht zu dicke Socken wählen, da sonst durch das verstärkte Schwitzen die Gefahr von Reibestellen und Blasen droht.

Wanderstöcke

Leichte, zusammenlegbare Stöcke lassen sich schnell außen am Rucksack befestigen und sind so in einfachem Gelände, sowie beim Fotografieren nicht im Weg. Ich bevorzuge höhenverstellbare „Teleskopstöcke" mit außenliegendem Klemmverschluss. Stöcke mit einer innenliegenden Spreizdübel-Arretierung können sich verklemmen oder unbeabsichtigt aufgehen.

Wander-T-Shirts
T-Shirts aus Merinowolle

Diese sind mittlerweile unverzichtbare Begleiter auf meinen Wanderungen und vor allem bei Reisen, denn sie riechen auch nach mehreren Tagen am Körper nicht übel – darin besteht der Unterschied zu Funktionsshirts aus Kunststoff. Die Wolle kann ein Vielfaches ihres Gewichtes an Feuchtigkeit aufnehmen, ohne sich nass anzufühlen. Wenn Sie bewusst auf einen Naturstoff Wert legen, dann achten Sie bitte beim Kauf auch auf zertifizierte Zulieferbetriebe, die den Tierschutz im Blick haben. Unternehmen wie Icebreaker, Mons Royale,

Ortovox, Aclima oder Devold setzen auf die Zusammenarbeit mit Schaf-Farmern, die Tiere und Natur wertschätzen und gut behandeln. Es gibt mittlerweile auch viele Zertifikate wie z. B.: ZQ oder „Naturtextil", auf die man beim Kauf achten kann.
Die kleinen Nachteile der Merinowolle sind der höhere Preis, die etwas geringere Haltbarkeit des Gewebes und das kompliziertere Waschen mit Spezialwaschmittel.

Achtung: Nicht überall, wo Merino draufsteht, ist tatsächlich auch (viel) Merinowolle enthalten. Häufig werden die teuren Merinowollfasern mit Materialien wie Kunstfaser oder Viskose kombiniert. Achten Sie beim Kauf Ihrer Shirts auf den tatsächlichen Anteil der Merinowolle im Kleidungsstück. Die Mischfaser muss aber nicht immer als Nachteil gesehen werden: Haltbarer und auch sehr geruchsneutral sind Shirts aus einer Mischung von Merino und Polyester.

T-Shirts aus Kunstfaser

Für sehr schweißtreibende Aufstiege bevorzuge ich Kunstfaser-T-Shirts. Warum? Kunstfaser-T-Shirts lassen sich unkomplizierter waschen und trocknen, sind langlebiger und fühlen sich auch bei starkem Schwitzen noch trocken an. Hat sich Merinowolle einmal vollgesogen, klebt sie am Körper und trocknet langsam. Der große, wirklich sehr große Nachteil von Kunstfaser-Shirts: Nach einem Wandertag müssen sie unbedingt zur Wäsche, weil sie sehr unangenehm riechen.

T-Shirts aus Baumwolle

Baumwoll-T-Shirts sind meiner Meinung nach eher für die Zeit nach dem Wandern oder für Wanderungen, auf denen man gar nicht ins Schwitzen kommt, geeignet. Baumwolle kann nur wenig Wasser aufnehmen und braucht lange zum Trocknen. Das T-Shirt klebt dann bei Anstrengungen schnell sehr lange nass am Körper.

Waschzeug

Dazu zählen neben Seife auch eine Zahnbürste und ein kleines Trekkinghandtuch aus Mikrofaser. Die Firma „Ajona" produziert eine sehr kleine und sparsam zu verwendende Zahnpasta. Sie ist seit Jahrzehnten auf allen meinen Mehrtageswanderungen mit dabei. Bitte achten Sie auch auf biologisch abbaubare Seife, da man sich vielleicht auch in Bächen wäscht und die Natur dabei nicht unnötig belasten sollte.

Wasserflasche

Das Wasser aus manchen Trinkflaschen bekommt schon nach wenigen Stunden Transport einen wirklich grauenhaften Geschmack nach Plastik oder Alu. Daher bitte Vorsicht bei Alu-Trinkflaschen, vor allem, wenn sie schon etwas älter und verbeult sind. Wenn sich die Innenbeschichtung löst, beeinträchtigt das die Reinheit, Unbedenklichkeit und den Geschmack des Trinkwassers. Auch PVC Kunststoffflaschen und PET-Flaschen mit Weichmachern sind aus gesundheitlichen Gründen nicht zu empfehlen. Besser sind Trinkflaschen aus Edelstahl oder BPA-freiem Kunststoff.

MEIN TIPP:
Ich habe früher lange auf eine spezielle Trinkflasche verzichtet und Softdrink-PET-Flaschen als Wasserflaschen verwendet. Das ist nicht sehr empfehlenswert, da man so die Weichmacher des

> Plastiks mitkonsumiert. Daher habe ich inzwischen umgesattelt und verwende nun „ungiftige" bzw. unbedenkliche Trinkflaschen. Meine aktuellen Favoriten sind die 1-Liter-Weithalstrinkflaschen von „Nalgene": Günstig, leicht zu reinigen, ohne Weichmacher und absolut geschmacksneutral.

Wasserdesinfektion

Magenschmerzen, Durchfall oder andere Krankheiten können die schönste Wanderreise beenden oder zumindest zur Qual machen. Gerade bei Auslandswanderreisen ist verunreinigtes Wasser eine der größten Gefahrenquellen, um krank zu werden. Daher ist hier Vorsicht geboten und das richtige Verhalten besonders wichtig, um die schönsten Tage des Jahres unbeschwert genießen zu können.

Unterwegs in der Natur muss potenziell verunreinigtes Wasser entweder abgekocht oder behandelt werden. Bei allen stehenden Gewässern ist das unbedingt notwendig, aber auch bei Bächen weiß man nie, was stromaufwärts alles an Verunreinigungen (durch Tier oder Mensch) ins scheinbar saubere Wasser gelangt ist. Sehr sicher – aber auch schwer zum Herumtragen – sind mechanische Wasserfilter. Hier bin ich ein Fan der Firma „Katadyn", die auch Taschenfilter für Wanderer anbietet. Viele meiner Partner bei Weltweitwandern nutzen Katadyn-Filter, um sauberes Wasser auf unseren Trekkingreisen anzubieten. Das gibt uns die Möglichkeit, auf Einwegwasserflaschen zu verzichten und das Wasser vor Ort zu nutzen. Das Tolle an den keramischen Filtern ist, dass man hier sehr viel Wasser filtern kann, bevor man das Keramikteil austauschen muss. Damit erspart man viel anfallenden Müll.

In vielen Fällen – vor allem wenn das Wasser klar und nicht trüb ist – reichen bei Wandertouren im Ausland auch chemische Wasserdesinfektionspräparate aus. Von der obengenannten Firma „Katadyn" gibt es Wasserdesinfektionstabletten namens „Micropur".

Zwiebelprinzip

Altbewährt, aber noch immer gut: die Bekleidung stets nach dem Zwiebelprinzip auswählen. Lieber mehrere dünne Schichten anziehen als wenige dicke – damit können Sie sich gezielt unterschiedlichen Wetter- und Temperaturlagen anpassen. Vor allem im Hochgebirge ist man auf einem Wandertag oft mit allen Jahreszeiten konfrontiert: von eiskalt in der Früh und am Gipfel bis extrem heiß beim Aufstieg zu Mittag und sehr feucht am Nachmittag. Bei potenziell kaltem Wetter als Wärmereserve immer zusätzlich eine leichte Daunenjacke einpacken!

Erste Schicht: Funktionsunterwäsche

Die erste unmittelbar am Körper anliegende Schicht hat die Aufgabe, den Schweiß von der Haut weg nach außen zu leiten, um den Körper möglichst trocken und bei Kälte warm zu halten. Geeignet sind lange oder kurze Unterwäsche, Langarm- oder T-Shirts. Empfohlenes Material: Kunstfaser- oder Merinowollprodukte. Siehe dazu „Wander-T-Shirts" ab Seite 103.

Zweite Schicht: Basisbekleidung

Diese dünnen Lagen schützen den Körper vor leichter Kälte, Wind, Sonne, Dornengestrüpp und Insektenstichen. Infrage kommen: Hemd, Langarmshirts, dünne Pullover oder dünne

Softshells, elastische Wanderhosen (am besten mit abzippbaren Beinlingen). Material: Kunstfaser, Baumwollmischgewebe oder Merinowollprodukte (natürlicher und geruchsneutraler).

Dritte Schicht: zusätzliche Wärmeisolation

Diese Schicht kommt bei kühlem Wetter zum Einsatz: Fleecejacken, Softshellwesten, Thermojacken mit Kunstfaserfüllung (z. B. PrimaLoft), Daunenjacken, -westen und/oder -hosen.

Vierte Schicht: Schlechtwetterschutz

Atmungsaktive und wasserdichte Hardshell-Funktionsjacken und Überhosen, z. B. aus Goretex oder ähnlichem Material. Bei Regen ohne starken Wind auch gut geeignet: Regenponchos und evtl. Gamaschen.

Packtipps für Ihre Wanderungen und Wanderreisen

Packen Sie immer dem Anlass entsprechend!
Es gibt ein „zu viel" genauso wie ein „zu wenig". Überlegen Sie immer ganz genau, was Sie für eine Tour wirklich brauchen und was nicht. Zu viel mitzunehmen und sich dann mit einem schweren Rucksack abzuplagen, ist nicht sinnvoll.

Für eine kürzere Wanderung bei stabilem Wetter auf gutem, ebenem Weg braucht man nur wenig Ausrüstung. Andererseits benötigt man bei längeren Wanderungen im entlegeneren Hochgebirge ausreichend Wetterschutz, warme Bekleidung, genug Trinkwasser und Proviant und unbedingt auch passendes Notfallequipment. (Siehe hierzu Seite 125)

Möglichst leichtes Gepäck!
Ein Tagesrucksack sollte inkl. Wasserflasche fertig gepackt nicht mehr als 5 bis 8 kg wiegen.

Bei mehrtagigen Hüttentouren kann man den Proviant und Wasser miteingerechnet 8 bis 12 kg als Richtwert festlegen. Außerdem gilt immer, dass man möglichst platzsparend packen sollte, indem man z. B. die Kleidung einrollt.

Auf Leichtgewicht bei den einzelnen Ausrüstungsgegenständen achten

Eine schwere, dick gefütterte Jacke hat ohnehin niemals etwas beim Wandern verloren – Stichwort „Zwiebelprinzip". Moderne Wanderausrüstung ist leichtgewichtig. Hier gilt prinzipiell, dass man für leichte Ausrüstung, die zugleich eine hohe Qualität aufweist, auch etwas mehr bezahlen muss. Ich vertrete aber die Ansicht, dass sich eine hochwertige Ausrüstung in jedem Fall bezahlt macht.

Nichts Unnötiges mitnehmen

Packen Sie auf alle Fälle nichts Unnötiges ein, wie z. B. ein dickes Buch oder ein Übermaß an schwerem Proviant für eine leichte Tageswanderung. Jedes unnötige Kilo zu viel lastet schwer auf den Schultern!

Wie packt man den Rucksack?

- schwerere Gegenstände nach Möglichkeit nahe am Körperschwerpunkt verstauen, also unten und hinten
- ganz unten die nicht so häufig benötigten Dinge (Notfallausrüstung, Übernachtungssachen, Wetterschutz)
- weiter oben Equipment, das man häufiger braucht
- Kleinigkeiten, die man schnell zur Hand haben möchte, verstaut man idealerweise in der Deckeltasche.

MEIN TIPP:

Handy, Notizbuch und Wanderkarte in der Deckeltasche werden bei Regen nass. Zur Sicherheit in einen wasserfesten Beutel packen!

Eigene Bedürfnisse kennen und berücksichtigen
Bitte unbedingt immer auch Ihre eigenen Bedürfnisse, die eigenen Vorlieben und Erfahrungen mitbedenken! Eine Bekannte von mir, die sehr leicht friert, nimmt immer viel mehr warme Bekleidung mit als ich. Ich wiederum schwitze bei Aufstiegen recht viel und habe daher immer 1–2 T-Shirts zum Wechseln im Gepäck, meiner Frau reicht bei Tagestouren hingegen eines.

Zusammenstellung der Ausrüstung vorher ausprobieren
Unternehmen Sie vor einer mehrtägigen Wandertour unbedingt Tageswanderungen, bei denen Sie Ihre neue Ausrüstung ausprobieren bzw. so fehlende oder für Sie überflüssige Dinge erkennen und auch evtl. neue Wanderschuhe „eingehen" können.

Die essenziellen Dinge bei Fluganreise bei sich haben
Fliegen Sie zu einer Wanderreise mit ihren Bergschuhen an den Füßen, mit Funktionsjacke, all ihren Wertgegenständen, dem Reiseführer und dem Tagesrucksack als Handgepäck. (Fast) alles andere kann man vor Ort oft auch ausleihen bzw. schnell besorgen, falls das Gepäck einmal nicht oder verspätet ankommt.

Besser Wandern mit Öko-Labels

Wandern und Umwelt – leider oft ein Grenzgang: Die Herstellung und die erforderlichen Imprägnierungen von Outdoor-Ausrüstung sind oft umweltbelastend und auch die Arbeitsbedingungen in Fernost sind vielfach problematisch. Einige Hersteller bemühen sich um eine umweltfreundlichere Produktion und menschenwürdige, faire Arbeitsbedingungen und Löhne in den Fabriken. Solche Firmen sollte man unbedingt durch sein eigenes Kaufverhalten unterstützen.

Zudem muss man als kritischer Konsument auch nicht bei jeder Mode mitmachen: Wer seine Ausrüstung länger verwendet und schadhafte Stellen reparieren lässt, schont allein dadurch wertvolle Ressourcen.

Outdoor-Funktionsbekleidung wurde bis vor Kurzem ausschließlich aus Chemiefasern hergestellt. Mikrofasern verursachen einen hohen Energieaufwand bei der Herstellung und müssen grundsätzlich gegen Geruchsbildung behandelt werden, häufig mit Nanosilber, dem eine toxische Wirkung auf Menschen und Ökosysteme nachgesagt wird. Seit einigen Jahren sind nun auch bei Funktionsbekleidung Naturfasern wie z. B. Merinowolle im Kommen. Diese wachsen nach und sind viel unproblematischer zu entsorgen.

Einige Firmen verarbeiten Recycling-Polyester z. B. aus eingeschmolzenen PET-Flaschen für neue Outdoor-Bekleidung, was bis zu 75 Prozent weniger Energie verbraucht als eine Chemiefaser aus Rohöl synthetisch herzustellen (Marken, die dies z. B. bieten: Vaude, Patagonia, Klättermusen).

Einen besonders strengen Umweltstandard für den gesamten Herstellungsprozess garantiert das Label „Bluesign". Mit dem blauen Logo haben bereits einige Outdoor-Marken Teile ihrer Kollektion gekennzeichnet, darunter z. B. Vaude, Patagonia oder Mammut (www.bluesign.com).

Das Label der „Fair Wear Foundation (FWF)" garantiert gute soziale Bedingungen in den Herstellungsbetrieben unter anderem bei einzelnen Produkten von Vaude, Schöffel oder Jack Wolfskin (www.fairwear.org).

Der Tierschutz bei der Gewinnung von Daunen wird garantiert mit Labeln wie „Global Traceable Down Standard = Global TDS" (Patagonia), „Responsible Down Standard = RDS" (The North Face, Mammut, Jack Wolfskin, Deuter, Haglöfs, Salewa) und „Down Codex" (Mountain Equipment) oder Eigenstandards z. B. bei Fjällräven. Manche Daunen, vor allem jene aus China, stammen von lebendig gerupften Tieren, was diesen große Schmerzen bereitet – eine vermeidbare Tierquälerei.

Packlisten für das Wandern

Schon Odysseus wurde im Beinamen „der Listenreiche" genannt. Was dem antiken Helden die List gegen Widersacher war, sind den heutigen Wandernden die Listen wider das Vergessen – einfache, aber unentbehrliche Hilfsmittel für eine gute Tour.

HINWEIS:

Meine Ausrüstungslisten beinhalten immer auch die Bekleidung, die man am Körper trägt. Die Ausrüstung gilt für sicher begehbare Wanderwege bei Plusgraden. Nähere Infos zu den jeweiligen Ausrüstungsgegenständen finden Sie im Kapitel „Von Ausweise bis Zwiebelprinzip: Ausrüstungstipps von A bis Z" auf Seite 84.

Meine Packliste für eine einfache Mittelgebirgswanderung ☑

- ☐ Wanderrucksack (ca. 20–25 Liter Volumen), inkl. Regenhülle
- ☐ Wanderschuhe
- ☐ Wandersocken
- ☐ Wanderhose (abzippbar im Sommer)
- ☐ 1–2 Wander-T-Shirts
- ☐ Unterwäsche
- ☐ atmungsaktive Funktionsjacke (z. B. aus Goretex)
- ☐ leichter Regenponcho
- ☐ Erste-Hilfe-Kit
- ☐ Wasserflasche(n), 1–2 Liter
- ☐ gesunder Proviant
- ☐ Toilettenpapier/Taschentücher inkl. Müllsack
- ☐ Bargeld und Ausweis

Diverses – Mitnahme je nach Bedarf, Jahreszeit und Tour

- ☐ Handy mit Karten-Apps
- ☐ Sonnencreme
- ☐ Sonnenbrille
- ☐ Wanderhemd
- ☐ Dünne/dickere Jacke oder Pullover
- ☐ Wanderhut oder Wanderkappe
- ☐ Trekkingtuch (Schlauchtuch)
- ☐ Wander-Regenschirm
- ☐ Wanderstöcke (evtl. Gummipuffer für Stockspitzen)
- ☐ Wanderkarte
- ☐ optische Brille inklusive Brillenbox

- ☐ Kamera (inklusive Außen-Tragetasche)
- ☐ Notizbuch und Kugelschreiber
- ☐ Tampons
- ☐ Badesachen

- ☐ _____
- ☐ _____
- ☐ _____

Meine Packliste für
eine längere Tageswanderung im Gebirge ☑

- ☐ Wanderrucksack (ca. 35 Liter Volumen), inkl. Regenhülle
- ☐ Wanderschuhe
- ☐ Wandersocken
- ☐ Wanderhose (abzippbar im Sommer)
- ☐ 1–2 Wander-T-Shirts (Merino und/oder Kunstfaser)
- ☐ Dünne Jacke/Pullover (Merino und/oder Kunstfaser)
- ☐ Unterwäsche
- ☐ atmungsaktive Funktionsjacke (z. B. mit Goretex)
- ☐ Regenponcho oder Regenhose und/oder Wander-Regenschirm
- ☐ Erste-Hilfe-Kit inklusive Leukoplast 2,5 cm und Blasenpflaster

- ☐ Wasserflasche(n), 1–2 Liter
- ☐ gesunder Proviant
- ☐ Toilettenpapier/Taschentücher inkl. Müllsack
- ☐ Handy mit Karten-Apps
- ☐ Bargeld und Ausweis

Sonnenschutz
- ☐ Sonnencreme (LSF höher als 25)
- ☐ Sonnenbrille inklusive stabiler Brillenbox
- ☐ evtl. Wanderhemd mit UV-Schutz
- ☐ Wanderhut oder Wanderkappe
- ☐ Trekkingtuch (Schlauchtuch)

Bei Kälte zusätzlich
- ☐ leichte Daunenjacke anstelle der Fleecejacke
- ☐ evtl. dickere Fleecejacke anstelle der dünnen
- ☐ evtl. Softshell-Gilet/-Jacke
- ☐ evtl. Gamaschen
- ☐ dünne/dicke Haube oder Sturmhaube
- ☐ dünne/dicke Handschuhe
- ☐ Überhose
- ☐ zusätzliche warme Unterwäsche (kurze oder lange Ärmel und Beine)

Diverses – Mitnahme nur nach Bedarf und je nach Tour
- ☐ Wanderstöcke (evtl. Gummipuffer für Stockspitzen)
- ☐ Wanderkarte
- ☐ GPS-Uhr oder Kompass

- ☐ Stirnlampe
- ☐ Taschenmesser mit Schere und Pinzette
- ☐ wasserdichte Packsäcke
- ☐ Powerbank zum Laden von Handy und GPS-Gerät
- ☐ Ladekabel
- ☐ optische Brille inklusive stabiler Brillenbox
- ☐ Kamera (inklusive Außen-Tragetasche)
- ☐ Notizbuch und Kugelschreiber
- ☐ kleiner Müllsack
- ☐ Tampons
- ☐ Feuerzeug oder Zündhölzer
- ☐ Fernglas
- ☐ Mittel zur Wasserdesinfektion
- ☐ Badesachen
- ☐ erweiterte Notfallausrüstung (Biwaksack, Leuchtraketen, Satellitentelefon, Trillerpfeife etc.)
- ☐ Kabelbinder (Reparaturen)

- ☐ _____
- ☐ _____
- ☐ _____
- ☐ _____

Meine Packliste für
eine Mehrtageswanderung im Gebirge ☑

Sollte sich Ihre Wandertour über mehrere Tage erstrecken und zumindest eine Übernachtung in einer Hütte miteinschließen, sollten Sie zusätzlich noch folgende Gegenstände mit dabeihaben. (Bei Hüttenübernachtungstouren werden eine Verpflegung und Bettdecken vor Ort angenommen.)

Zusätzliche Ausrüstung für mehrtägige Hüttentouren

- ☐ Alpenvereinsausweis (oder ein anderer der im VAVÖ verzeichneten Vereine z. B. Naturfreunde, Touristenklub etc.)
- ☐ Hütteninnenschlafsack aus Seide (besser, weil leichter als Baumwolle)
- ☐ Wechselwäsche, 2. Paar Wandersocken
- ☐ Leggins
- ☐ erweiterter Proviant, evtl. Teebeutel für Hütten
- ☐ Waschzeug (biologisch), Zahnbürste und -pasta
- ☐ persönliche Medikamente
- ☐ Ohrstöpsel/Ohropax
- ☐ kleines Mikrofaser-Trekkinghandtuch
- ☐ Stirnlampe
- ☐ Ladekabel
- ☐ evtl. Powerbank
- ☐ evtl. Buch oder besser E-Reader
- ☐ evtl. Spielkarten oder Pocket-Spiel
- ☐ evtl. Hüttenschuhe (Flip-Flops)
- ☐ evtl. Trekkingsandalen/leichte Trekkingturnschuhe als zweites Paar Schuhe
- ☐ evtl. Nähzeug

- ☐ evtl. Reserveschuhbänder
- ☐ evtl. dünne Leine (Wäscheleine, Reparaturen)
- ☐ _____
- ☐ _____

Meine Packliste für eine längere Wanderreise ☑

Es ist ein aufregendes Gefühl, für eine oder mehrere Wochen zum Wandern – vielleicht sogar in ein weiter entferntes Land – aufzubrechen. Wenn die Abreise näher rückt, steigen aber gewöhnlich die innere Unruhe und der Stresspegel. Gleichzeitig erfordern die Reisevorbereitungen Ruhe, Gelassenheit und eine gute Übersicht, um nichts Wichtiges zu vergessen. Auch nach fast 40 Jahren Reiseerfahrung fühle ich mich vor Reiseantritt immer noch gestresst und habe Sorge, Wesentliches zu vergessen. Dagegen gehe ich strategisch vor – mit meinen Listen, die ich beim Einpacken akribisch durchgehe.

Gepäck
- ☐ große Reisetasche evtl. mit Rollen (80–100 Liter)
- ☐ Wanderrucksack (ca. 35 Liter Volumen), inkl. passender Regenhülle
- ☐ evtl. zweite, leichte Reisetasche zum Deponieren nicht benötigter Kleidung im Hotel. Für den Flug im Hauptgepäck verstauen, sonst müssen Sie meistens für dieses zweite Gepäcksstück extra bezahlen.

Bekleidung & Wanderausrüstung

- ☐ 2 Wanderhosen, evtl. abzippbar (in islamischen Ländern eher keine Shorts)
- ☐ evtl. Leggins
- ☐ 3–5 T-Shirts (Merinowolle und/oder Kunstfaser)
- ☐ Langarmhemd/-Shirt (UV-Schutz beachten)
- ☐ dünne Jacke (Fleece oder Merinowolle)
- ☐ Funktionsjacke (wasserdicht und atmungsaktiv, z. B. aus Goretex)
- ☐ schönere Kleidung für Anreise und Hoteltage
- ☐ evtl. Kurzarmhemd
- ☐ evtl. dünnes Langarm-Shirt
- ☐ evtl. Softshell-Gilet
- ☐ evtl. dünne Daunenjacke als eiserne Reserve
- ☐ Regenhose oder Regenponcho – je nach Klima; evtl. noch ein kleiner Schirm
- ☐ Unterwäsche (je nach Klima evtl. zusätzlich langärmelig bzw. -beinig)
- ☐ 1–2 Liter Wasserflasche(n) – wenn im Handgepäck verstaut, dann vor dem Einchecken ausleeren
- ☐ 2–3 Paar Wandersocken und normale Socken
- ☐ geeignete Wanderschuhe (knöchelhohe, stabile Trekkingschuhe mit guter Sohle sind ideal; keine schweren, steigeisenfesten Bergschuhe – ausgenommen bei Gipfeltrekking-Reisen)
- ☐ Turnschuhe (Trail-Turnschuhe – wichtig als Ersatzschuh und abends)
- ☐ Schlafbekleidung (warm und bequem)
- ☐ Wanderstöcke, evtl. Gummipuffer für Stockspitzen

Nach Bedarf
- ☐ Packsäcke oder Plastiksäcke (für Müll, Schmutzwäsche und zum Ordnen der Sachen im Gepäck)
- ☐ Handschuhe und Haube (dünn/dick)
- ☐ LED-Stirnlampe (inkl. Ersatzbatterien)
- ☐ Flip-Flops oder Trekkingsandalen
- ☐ Badebekleidung für Strand, Pool oder heiße Quellen
- ☐ Microfaser-Trekkinghandtuch
- ☐ evtl. (aufblasbarer) Kopfpolster

Sonnenschutz & Toilettenartikel
- ☐ Sonnencreme mit hohem Schutzfaktor und Lippenschutz
- ☐ Sonnenbrille mit gutem UV-Schutz plus Brillenbox
- ☐ Wanderhut oder Wanderkappe
- ☐ Trekkingtuch (Schlauchtuch)
- ☐ persönliche Toilettenartikel (Zahnbürste und Zahncreme, biologisch abbaubare Seife, Shampoo, Creme, Rasierer, evtl. Tampons, evtl. Präservative etc.)
- ☐ evtl. biologisches Kleiderwaschmittel
- ☐ Taschentücher, Feuchttücher, Toilettenpapier (inkl. Müllsack)

Reiseapotheke
- ☐ empfohlene Arzneimittel gegen Durchfall, Verstopfung, Übelkeit, Erbrechen, Schmerzen, Erkältung, Fieber, Allergie, Juckreiz, Insektenstiche, Sonnenbrand, Kreislaufbeschwerden etc.
- ☐ Erste-Hilfe-Kit inklusive Leukoplast 2,5 cm und Compeed-Pflaster (Blasen & Co.)

- ☐ evtl. Insektenschutzmittel
- ☐ evtl. Wasserdesinfektion
- ☐ weitere Medikamente, die für Ihr Reisegebiet empfohlen werden. Vor jeder weiteren Reise sollte man sich eine spezifische, fachkundige Auskunft einholen, z. B. bei einem Tropeninstitut in Ihrer Nähe.

Für Zeltnächte zusätzlich

- ☐ Daunen- oder Kunstfaserschlafsack (Komforttemperatur entsprechend dem örtlichen Klima, aber mindestens 0 °C bis -7 °C)
- ☐ Innenschlafsack (am besten aus Seide)
- ☐ kleines Handtuch, evtl. Waschlappen
- ☐ Toilettenpapier und evtl. Feuchttücher, dazu einen Sammelsack
- ☐ bei Bedarf: Liegematte

Diverses

- ☐ gültiger Personalausweis/Reisepass (auch als Kopie und im Webmail) mit Visum (falls erforderlich)
- ☐ Flugtickets, Ausweise, Reisedokumente
- ☐ Bargeld, Kredit- und Bankomatkarten (für Ausland freischalten)
- ☐ Bauchtasche für Geld und Dokumente
- ☐ Notizbuch und Kugelschreiber
- ☐ Literatur (Reiseführer, Landkarten, Buch, Sprachführer)
- ☐ evtl. E-Reader
- ☐ Uhr (evtl. mit Wecker)
- ☐ Taschenmesser mit Schere und Pinzette (beim Flug nicht ins Handgepäck!)

- ☐ optische Brille und Ersatzbrille inklusive stabiler Brillenbox
- ☐ Handy (Roaming-Infos einholen oder freigeschaltetes Gerät mitnehmen und vor Ort eine SIM Karte kaufen)
- ☐ Ladekabel

Nach Bedarf
- ☐ Powerbank zum Aufladen von Handy, GPS-Uhr und Akkus unterwegs
- ☐ GPS-Uhr/Höhenmesser/Kompass
- ☐ Fotoapparat – unbedingt mit Außen-Tragetasche, Speicherkarten, Filter, Akkus und Ladegerät
- ☐ Stativ
- ☐ Hütten- und Innenschlafsack aus Seide
- ☐ Ohrstöpsel/Ohropax
- ☐ dünne Schnur (Wäscheleine, Reparaturen)
- ☐ Nähzeug
- ☐ Kabelbinder (Reparaturen)
- ☐ Adapterstecker für andere Steckdosen vor Ort
- ☐ Snacks (Müsliriegel, Trockenfrüchte, Nüsse, Schokolade, Teebeutel etc.)
- ☐ Gastgeschenke
- ☐ „geistige" Getränke für gemütliche Abende (nicht während der Höhenanpassung und nicht in streng islamischen Ländern!)
- ☐ Reisespiele oder Spielkarten, Liederbücher, etc.
- ☐ kleines Instrument
- ☐ kleiner Müllsack
- ☐ Feuerzeug oder Zündhölzer

- ☐ Fernglas
- ☐ erweiterte Notfallausrüstung (Biwaksack, Leuchtraketen, Satellitentelefon, Trillerpfeife etc.)

Meine Abreise-To-do-Liste ☑

Der Letzte macht das Licht aus! Die Taschen sind gepackt, die Abfahrt ist organisiert, die Aufregung steigt. Jetzt nur nichts vergessen! Mit folgender Abreise-To-do-Liste starten Sie relaxter in den Reisemodus: Check and go!

Wochen vor der Abreise

- ☐ Passgültigkeit kontrollieren (Bei manchen Destinationen muss der Pass noch mindestens sechs Monate gültig sein!)
- ☐ Einkauf von noch fehlender Ausrüstung
- ☐ Blumen gießen, Haustier- und Gartenbetreuung während der Reise organisieren
- ☐ Leerung des Briefkastens organisieren bzw. Post-Urlaubsfach buchen
- ☐ Abo von Tageszeitung pausieren
- ☐ Bankomatkarte für außereuropäische Länder freischalten
- ☐ Gültigkeit und PIN der Kreditkarte überprüfen
- ☐ Mail- bzw. Postadressen von Freundinnen und Freunden notieren (für Urlaubsgrüße)
- ☐ Fotokopien von wichtigen Dokumenten erstellen (Pass, Flugticket) und sich selbst als Webmail senden
- ☐ Nachbarn/Freunden Bescheid geben (evtl. Wohnungsschlüssel hinterlegen)

Falls erforderlich

- ☐ Visum besorgen
- ☐ Impfungen organisieren
- ☐ persönliche Medikamente besorgen
- ☐ Parken am Flughafen organisieren
- ☐ passenden Netzadapter besorgen
- ☐ Kontrolltermin beim (Zahn-)Arzt
- ☐ Versicherungen buchen

Unmittelbar vor der Abreise

- ☐ Web-Check-in für Sitzplatzreservierung am Vortag des Abflugs
- ☐ alle Fenster und Türen schließen (Wohnung, Keller, Terrasse, Balkon, Dach, Garage etc.)
- ☐ alle elektrischen Geräte ausschalten (Wecker, Herd, Ofen, Boiler, Bügeleisen, Fernseher, PC etc.)
- ☐ alle Antennenstecker ziehen (TV, Stereoanlage, PC)
- ☐ alle Wasserhähne schließen (Waschmaschine, Geschirrspüler; evtl. Frostschutz beachten!)
- ☐ Heizung auf kleine Stufe stellen bzw. ausschalten
- ☐ Kühlschrank und Mülleimer leeren

Falls erforderlich

- ☐ Alarmanlage einschalten
- ☐ Anrufbeantworter besprechen und einschalten
- ☐ automatische Abwesenheitsnotiz für Mail-Posteingang schreiben
- ☐ Taxi/Flughafenzubringer bestellen

Unterwegs am Venediger-Höhenweg

NDERWEGS

Die wichtigsten Wandertipps für unterwegs

In über 40 Jahren auf Wanderschaft habe ich zahlreiche nützliche Erfahrungen für das Wandern gesammelt. Hier finden Sie die wichtigsten Ratschläge, die sich auf meinen eigenen Wandertouren bereits hundertfach bewährt haben.

Richtiges Gehen & richtiges Pausen machen

Bewusst langsam starten

Nach dem Start sollten Sie die ersten zehn bis zwanzig Minuten stets langsam angehen, um den Kreislauf in Schwung zu bringen. Insbesondere in ungewohnten Höhenregionen sollten Sie das Tempo drosseln, um später nicht buchstäblich „einzugehen", also keine Kraft mehr zu haben. Nach überambitioniert schnellem Losgehen bekommen viele ungeübte Wanderer später Probleme, die sich bei einem bewusst langsamen Anfangstempo vermeiden ließen.

Das eigene Tempo gehen

Gehen Sie unbedingt Ihr eigenes Tempo und lassen Sie sich nicht von zu schnell gehenden Wandergefährten auf erschöpfendes Schnellgehen ein! Auf der anderen Seite kann es für Menschen, die ein höheres Tempo gewohnt sind, rasch ermüdend werden, dauerhaft zu langsam zu gehen. In solchen Fällen ist es oft tatsächlich besser, die Gruppe zu teilen: in die Schnellen und die Gemütlicheren.

Ausziehen nach dem Losgehen, Um- und Anziehen am Gipfel

Es passiert auch mir immer wieder, dass ich nur kurze Zeit nach dem Losgehen bemerke, dass ich viel zu warm angezogen bin. Begleitet vom Impuls, nur ja keine Umstände machen zu wollen – gerade, wenn man in einer Gruppe unterwegs ist – möchte man einen Zwischenstopp vermeiden. Das ist aber grundfalsch. Unbedingt stehenbleiben, den anderen kurz Bescheid geben und die zu warmen Schichten ausziehen! Ein Weitergehen mit zu warmer Bekleidung führt zu verstärktem Schwitzen und in Folge zu durchnässter Kleidung, was dann oben in kälteren Regionen zu einem Problem werden kann. Denn in nassem Gewand wird einem schnell sehr kalt.

Sobald man stark verschwitzt länger stehenbleibt, ob bei einer längeren Pause oder beim Erreichen des Gipfels, gilt die Devise: Sofort um- und anziehen! Vor allem das verschwitzte Unterhemd muss vom Körper weg und gegen ein trockenes getauscht werden. Darüber dann – je nach Temperatur – eine oder mehrere wärmende, evtl. auch winddichte Schichten anziehen. Bitte keine Zeit verlieren und das Umziehen sofort beim Erreichen des Gipfels bzw. des Pausenplatzes erledigen, denn feuchte Bekleidung während einer Pause kann ganz schnell eine Verkühlung und/oder Muskelprobleme verursachen und die Freude am Gipfelsieg wäre getrübt. Auch beim Aufstieg in kältere bzw. windigere Regionen die Bekleidung stets flexibel der Temperatur anpassen.

Feuchte T-Shirts außen am Rucksack trocknen

Praktisch und bequem: Feucht gewordene Wander-T-Shirts lassen sich sehr gut außen am Rucksack aufgespannt trocknen und sind dann für den nächsten Wechsel wieder als trockene Schicht einsatzbereit.

Richtiges Pausen machen

Ich empfehle häufige, kurze Pausen, aber diese nicht zu lange. Machen Sie unterwegs alle 45–60 Minuten eine kurze Pause von drei bis fünf Minuten. Trinken und essen Sie dabei etwas und justieren Sie Ihren Rucksack sowie Socken und Bekleidung. Wichtig: Nach maximal fünf Minuten sollten Sie wieder weitermarschieren, denn sonst kühlt der Körper aus und der Neustart benötigt eine höhere Kraftanstrengung durch erneutes Aufwärmen. Sollten Sie – z. B. in großen Höhen oder bei langen Touren – sehr erschöpft sein, legen Sie ruhig noch häufigere Mini-Erholungspausen von einer bis drei Minuten ein. Machen Sie zudem eine bis zwei längere Pausen. Planen Sie in Ihre Wanderung eine bis zwei umfassendere Pausen von mindestens 30 Minuten ein. In heißen Gefilden können Sie diese über die Mittagszeit auch zu einer Siesta inklusive eines Nickerchens ausdehnen und die Wanderung fortsetzen, wenn es wieder kühler geworden ist. Beachten Sie: Nach einer langen Pause muss der Körper erst wieder aufgewärmt und in Schwung gebracht werden. Also unbedingt langsam losgehen. Sollte es stürmen, schneien und sehr kalt sein, empfiehlt es sich, die große Pause zu verkürzen und dafür vermehrt kürzere Pausen einzulegen, um nicht zu stark auszukühlen.

Toilettenstopps

In der Natur gilt: Bitte niemals Abfall zurücklassen. Toilettenpapier verrottet sehr lange nicht und hinterlässt höchst unschöne Spuren in der Natur. Daher bitte das verwendete Toilettenpapier in einem mitgeführten Plastiksack entsorgen und wieder mitnehmen. Bitte die „Notdurft" auch nicht an geschützten Orten, wie kleinen Höhlen, Felsunterständen etc. verrichten. Diese Plätze brauchen andere Wandernde, wenn sie in ein Unwetter kommen!

Wichtiger Tipp gegen Knieschmerzen: Richtig bergab gehen

Unerfahrene Wanderer haben oft Bedenken vor langen Abstiegen, weil sie anschließend immer wieder über Knieschmerzen klagen. Bei geübten Wanderern ist das selten der Fall. Warum ist das so? Um Knieschmerzen zu verhindern, darf man beim Bergabgehen auf keinen Fall mit gestreckten Beinen aufsteigen, denn dann wirkt die Belastung bei jedem Auftreten ohne Abfederung direkt auf das Gelenk und auf die Knochen. Beim schnellen Bergabgehen kommt – bedingt durch die Beschleunigung – bei jedem Auftreten ein Vielfaches des Körpergewichts als Last auf das einzelne Knie. So entstehen für das jeweilige Knie mehrere hundert Kilo Belastung bei jedem Schritt. Kein Wunder also, wenn die Kniegelenke bei falscher Belastung anfangen, höllisch wehzutun!

MEIN TIPP:

Beim Auftreten mit leicht gebeugtem Knie federn die Muskeln die Energie des Auftretens ab. Treten Sie beim Bergabgehen daher immer mit leicht abgewinkelten Knien auf. Das strapaziert zwar die Oberschenkelmuskeln und Bänder, schützt aber die Kniegelenke. Das ist allerdings vor allem für untrainierte Menschen auf Dauer anstrengend. Bei längerem Bergabgehen tendieren daher gerade ungeübte Wanderer zur „Schonhaltung", steigen mit gestrecktem Bein auf und handeln sich dann am Abend geschwollene, schmerzhafte Kniegelenke ein.

Gehen mit Wanderstöcken

Verwenden Sie zwei Stöcke zur Unterstützung der Knie – vor allem beim Bergabgehen. Der Entlastungseffekt für die Gelenke ist enorm. Bei mehrtägigen Wanderungen nehmen Stöcke hunderte Tonnen Gewicht von den Knien.

DIE WICHTIGSTEN WANDERTIPPS

Die richtige Verwendung der Stöcke unbedingt zuerst in einfacherem Gelände üben: nahe am Körper halten, Arme mit Stöcken und Beine im gegengleichen Rhythmus bewegen und Stocklänge so wählen, dass die Stöcke beim Einsetzen leicht abgewinkelt nach hinten zeigen. Die Stöcke auch nicht immer verwenden (z.B. im leichteren Gelände auch mal ohne Stöcke gehen), denn wenn man ausschließlich mit Wanderstöcken geht, verliert man das wichtige Balancegefühl. Bei kompaktem Felsuntergrund oder stark begangenem Gelände Gummipuffer für die Metallspitzen zum Schutz des Weges vor Beschädigungen verwenden.

MEIN TIPP:

Stöcke sind beim Bergabgehen in schwierigerem und rutschigem Gelände für mich auch ein wichtiger Sicherheitsfaktor und beugen der Gefahr vor, auszurutschen und sich zu verstauchen. Vorsicht ist bei schmalen Wegen neben Abhängen geboten: Vor allem bei dichterer Vegetation (wie z. B. auf einer meiner Lieblingswanderdestinationen Madeira) kann dort ein Stockeinsatz mal „ins Leere" gehen und man kann dadurch das Gleichgewicht verlieren. Im steileren, felsigen Gelände kann es bei einem Sturz zu Verletzungen des Handgelenks kommen, wenn sich ein Stock in einer Spalte verkeilt und durch die Handschlaufen kein Loslassen möglich ist. Besser daher in schwierigem Gelände die Stöcke nicht am Handgelenk fixieren!

Gleichgewicht halten

Wenn Sie aus dem Gleichgewicht zu geraten drohen oder ausrutschen, am besten sofort in die Knie gehen. Damit senken Sie den Schwerpunkt des Körpers und erleichtern das Ausbalancieren.

Richtiges Steigen bei Felsen

Treten Sie bei schrägem Felsuntergrund immer mit der ganzen Sohle auf und nicht nur mit dem Schuhrand. Durch die nur sehr kleine Kontaktfläche zum Felsen geraten Sie beim Aufsteigen mit dem Schuhrand viel schneller ins Rutschen als bei vollflächigem Auftreten.

Vorsicht bei Gesteinsschutt, Geröll und Nässe

Wenn kleine Steinchen bzw. Gesteinsschutt auf glattem, felsigem Untergrund liegen, ist größte Vorsicht geboten, denn das kann extrem rutschig werden. Im Zweifelsfall – vor allem bei Absturzgefahr – vor dem Hinsteigen den Gesteinsschutt mit dem Fuß wegschieben. Auch bemooste und/oder nasse Felsen können sehr rutschig sein. Vorsicht auch beim Gehen im Geröll! In all diesen Fällen sind Wanderstöcke ein zusätzlicher Stabilitätsgeber und schaffen ein Mehr an Sicherheit.

Was tun gegen Höhenangst und Schwindel?

Eine gewisse Ängstlichkeit – ein großer Respekt, wenn man von einer Erhöhung in die Tiefe blickt – ist ganz normal und tritt bei fast allen Menschen auf. Auch Schwindel ist ein ganz natürliches Phänomen und meldet uns eine potenzielle Gefahr. Das ist uns angeboren und dient unserem Schutz.

Die gute Nachricht ist, dass man mit Übung und auch indem man sich langsam mit diesen Ängsten konfrontiert (evtl. unter sachkundiger Anleitung) diese Angst sehr gut vermindern kann. Auch bei mir selbst kann ich beobachten, dass ich, wenn ich schon länger nicht auf schmalen Wanderwegen neben Abhängen unterwegs war, mehr Ängste habe. Wenn ich dann wieder öfters auf solchen Wegen gehe, wird es viel besser. Das bedeutet: Übung reduziert diese Ängste.

Machen Sie gleich beim Auftreten dieser Ängste erstmal einige tiefe, bewusste Atemzüge. Dann konzentrieren Sie Ihren Blick und Ihre ganze Aufmerksamkeit auf den unmittelbar vor Ihnen liegenden Weg und schauen gar nicht mehr in die Tiefe. Durch das Fokussieren auf die eigenen sicher gesetzten Schritte und auf das Wahrnehmen des unmittelbar vor Ihnen liegenden Weges lockert sich meist auch die innere Fixierung auf die Angst. Dazu können Sie sich selbst auch innerlich versichern: „Ich setze meine Schritte ganz konzentriert, dadurch gehe ich jetzt sehr sicher." Das gilt natürlich nur für das Begehen von Wanderwegen. Beim wirklichen Klettern müssen Sie sich unbedingt mit Gurt und Seil sichern!

Flussüberquerungen

Durchwaten Sie breitere und tiefere Bäche nach Möglichkeit nicht mit bloßen Füßen. Die Steine im Wasser können sehr rutschig sein und man kann leicht den Halt verlieren und sich wehtun. Ärgere Verletzungen an den Füßen können das Ende Ihrer Wanderung bedeuten. Besser die Bergschuhe ausziehen und mit mitgebrachten Turnschuhen oder Trekkingsandalen durch das Wasser gehen. Achtung auch vor der Strömung: Selbst nur knietiefe Flüsse können schon enorm reißend sein. Tiefere Flüsse immer mit dem Körper parallel zur Breite des Flussbetts, mit Blickrichtung stromaufwärts und nach Möglichkeit immer mit Stöcken und/oder Seilsicherung queren.

Richtiges Händereichen

Wenn man einem anderen über eine schwierige Stelle oder einen Bach helfen will, bitte nicht die Hände wie bei einem Händedruck reichen. Wenn es hier zu einem Sturz kommt, flutschen die Hände ganz schnell wieder auseinander. Immer gegenseitig die Handgelenke umgreifen, damit hat man einen viel besseren und sichereren Halt.

Andere über das Wanderziel informieren

Zu Ihrer Sicherheit sollten Sie stets zu Hause gebliebene, nahestehende Menschen über das Wanderziel und die geplante Heimkehr informieren, etwa mit einer E-Mail an die Mutter oder an enge Freunde. Wenn etwas passiert, erleichtert und beschleunigt das eine Suche enorm.

Richtiger Umgang mit Tieren auf Wanderwegen

Nach einigen tragischen Vorfällen mit Kühen auf Almen, die eine starke mediale Resonanz nach sich zogen, haben es sich Landwirtschaftskammer und Alpenverein zur Aufgabe gemacht, das Bewusstsein der Wanderer zu schärfen. Mit etwas Achtsamkeit, Hausverstand und dem Befolgen einfacher Verhaltenstipps sind derartige Unfälle absolut vermeidbar und ein friedliches Miteinander von Wanderern und Kühen ist ganz natürlich möglich. Hier geht es für mich auch viel um Selbstverantwortung. Das Schlimmste wäre, wenn ganze Almgebiete für Wanderer gesperrt werden müssten, nur wegen des Fehlverhaltens einiger weniger. Folgende Punkte sind zu beachten:

- **Nicht querfeldein gehen**
  Wanderern wird geraten, auf Almen nicht querfeldein zu gehen, sondern am Wanderweg zu bleiben.
- **Nicht zwischen Muttertieren und Kälbern durchgehen**
  Mutterkühe bekommen Angst um ihre Jungen, wenn sich Wandernde zwischen ihnen und ihren Jungtieren befinden, und greifen dann manchmal an.
- **Kälber nicht streicheln**
  Kälber dürfen keinesfalls berührt oder gestreichelt werden. Mutterkühe fühlen sich schnell bedroht und können aggressiv reagieren, um ihr Kalb zu schützen.

DIE WICHTIGSTEN WANDERTIPPS

- **Abstand halten**
  Immer eine respektvolle Distanz zu Kühen halten. Ein kleiner Umweg um eine Herde kostet nicht viel Mühe und man geht damit potenziell gefährlichen Situationen aus dem Weg.
- **Ruhig verhalten**
  Generell sollte man sich möglichst ruhig und leise in der Nähe von Tieren verhalten.

- **Besondere Vorsicht mit Hunden**
  Besonders in Hunden sehen Kühe einen natürlichen Feind, deswegen sollten diese immer an der Leine gehalten werden und in einem sicheren Abstand von der Herde getrennt bleiben. Im Falle eines Angriffs muss ein Hund allerdings rasch abgeleint werden, damit er fliehen kann.
- **Alarmsignale**
  Als Wanderer muss man auch die Signale einer sich bedroht fühlenden Kuh erkennen. Ein klares Alarmsignal sind das Heben und Senken des Kopfes sowie Scharren und lautes Schnauben oder Brüllen. Im Falle eines drohenden Angriffs machen Sie mit dem Stock oder ähnlichem Drohgebärden und rufen laut.
- **Wanderstock**
  Ein Wanderstock kann auch etwas Sicherheit bringen, da Rinder im Viehtrieb mit Stöcken geleitet werden, diese erkennen und dann wieder auf Abstand gehen. Langsam den Rückzug aus der Gefahrenzone antreten und dabei den Tieren keinesfalls den Rücken zuwenden.

Den Handy-Akku schonen

Wie schütze ich meinen Akku davor, unterwegs vorschnell leer zu werden? Wenn man das Handy unterwegs auf Flugmodus schaltet, hält der Akku bedeutend länger, weil das Handy bei einer dauernden und oft erfolglosen Empfangssuche im Gebirge sehr viel Strom verbraucht. Wer längere Strecken mit dem Handy per GPS (oder auch mit einer GPS-Uhr) aufzeichnen möchte, sollte immer ein Akku-Ladegerät (Powerbank) dabeihaben, denn das GPS-Tracking benötigt sehr viel Strom und strapaziert Ihren Akku.

Wandern in der Gruppe

Sich zum Wandern einer Gruppe – zum Beispiel des Alpenvereins oder einer organisierten Wanderreise – anzuschließen bietet sehr viele Vorteile. Mehr Sicherheit, mehr Freude, das Zusammensein mit Gleichgesinnten, neue Routen und Gebiete unter fachkundiger Führung kennenlernen und vieles mehr.

Mit einigen einfachen Tipps und Tricks kann man die Wanderung in der Gruppe noch besser genießen und Unstimmigkeiten vermeiden. Da ich selbst viel mit Wandergruppen mit meiner Firma Weltweitwandern unterwegs bin, blicke ich auch hier auf viele Erfahrungen zurück.

Vorneweg gehen und warten
Wenn man als Erster einer Gruppe vorneweg marschiert, womöglich noch vor einem Guide, der mit gemütlicher gehenden Gruppenmitgliedern unterwegs ist, dann unbedingt regelmäßig – etwa alle 45 bis 60 Minuten – sowie bei jeder Weggabelung warten.

Bei Toilettenpausen & Co andere informieren
Nicht klammheimlich austreten! Wenn Sie unterwegs mal kurz zur Seite gehen, um einem dringenden Bedürfnis nachzukommen, oder wenn Sie für einige Zeit einen anderen Weg als die Gruppe nehmen wollen (Abkürzung, Weg zu einem Aussichtspunkt), denken Sie bitte daran, andere Gruppenmitglieder vorab zu informieren, damit die Gruppe Bescheid weiß und sich darauf einstellen kann.

Guide über eigene gesundheitliche Einschränkungen informieren

Bitte informieren Sie den Guide oder Mitwandernde unbedingt am Beginn der Wanderung (auch gerne nur unter vier Augen) über vorhandene gesundheitliche Einschränkungen und fallweise über dafür mitgenommene Medikamente (z. B. bei Diabetes, Herzproblemen, starken Kontakt-Allergien etc.). Dadurch kann im Notfall schneller und gezielter reagiert werden.

Rücksichtnahme schafft mehr Raum für alle

Gemeinsames Wandern in einer Gruppe ist etwas unglaublich Bereicherndes. Gerade beim Wandern lernt man großartige Menschen kennen, durch das gemeinsame Gehen entstehen schnell Tiefe und Nähe zu anderen Menschen. Um aber den nötigen Raum für gutes Begegnen zu schaffen, sollte sich jeder etwas zurücknehmen und sich rücksichtsvoll verhalten. So bekommt man mehr von der Gruppe und wird sehr oft reich beschenkt!

Dezentes Auftreten und achtsames Reden und Zuhören

Treten Sie – auch wenn Sie sonst eher kontaktfreudig sind oder gerne für Spaß sorgen – vor allem am Beginn dezent auf. In einer neuen Gruppe muss erst einmal jedes Gruppenmitglied seinen Platz finden. Vor allem die „Ruhigeren" brauchen manchmal etwas mehr Sicherheit und Zeit. Stellen Sie Fragen und hören Sie zu, anstelle gleich alles über sich selbst zu erzählen, um die anderen zu „unterhalten". Bedenken Sie, dass man beim Reden oft selbst lauter ist, als man denkt. Manche Menschen suchen in der Natur nach Erholung und Ruhe. Angeregte Gespräche beim Wandern können etwas Großartiges sein, ziehen aber immer die Aufmerksamkeit ein wenig weg vom Erleben der

Natur. Eine gut zusammengewachsene Gruppe, in der alle etwas von sich (mit-)teilen, kann etwas sehr Berührendes sein und wesentlich zum Naturerleben beitragen!

Die richtige Gruppe aussuchen

Nicht in jeder Wandergruppe fühlt man sich gleichermaßen wohl. Auch das Leistungsniveau der angebotenen Wandertouren sollte gut zu Ihnen passen. Daher lohnt es sich, sich umzuhören und auch zu experimentieren. Holen Sie sich auch den Rat und Tipps von Freunden und Bekannten! Unterschiedliche Reiseveranstalter und Vereine haben höchst unterschiedliche Klientelen. Wie ist z. B. die Stimmung bei meiner örtlichen Alpenvereinsgruppe? Mit welchem Reiseveranstalter fühle ich mich wohl?

Den richtigen Guide wählen

Mit einem gut ausgebildeten, fachlich qualifizierten und vor allem lokal verwurzelten Wander-Guide erlebt und sieht man unterwegs viel mehr! Sie bekommen die besten Geheimtipps und oft ermöglicht der Guide schöne Einblicke in die lokale Kultur und gute Kontakte.

Unterstützung von Mitwandernden

Wenn Mitwanderer beim Aufstieg sichtlich Konditionsprobleme aufweisen, hilft es diesen sehr, wenn man ihnen den Rucksack abnimmt. Auch ein langsames Vorangehen mit regelmäßigen kurzen Pausen kann schwächeren Gruppenmitgliedern helfen, den idealen Gehrhythmus zu finden. Häufig neigen diese Menschen dazu, für ihre Verhältnisse zu schnell zu gehen und zu wenige Pausen zu machen.

DIE WICHTIGSTEN WANDERTIPPS

MEINE ERFAHRUNG:

Fast immer wird das Angebot „Soll ich dir deinen Rucksack abnehmen?" mit einem „Nein, es geht schon" oder „Nein, mein Rucksack ist nicht schwer – kein Problem!" beantwortet. Selten noch habe ich erlebt, dass Menschen sofort darauf eingehen. Daher ist es wichtig, darauf zu bestehen: Es braucht ein entschlossenes Vorgehen! Sätze wie „Ich möchte, dass du mir jetzt deinen Rucksack gibst" oder ein recht bestimmtes „Ich werde nun deinen Rucksack tragen!" führen eher zum Ziel. Zumeist wird der Rucksack dann – mehr oder weniger widerwillig – übergeben. Die „schwächelnden" Mitwanderer merken aber schon nach wenigen Minuten eine Erleichterung und spüren eine gewisse Dankbarkeit. Zumeist ist der Grund für die zögerliche Übergabe des Rucksacks einfach nur falsche Scham, da man dem anderen nicht zur Last fallen will.

Natürlich sollte man nie jemanden zu etwas zwingen. Oft kann es auch eine gute Entscheidung sein, einfach umzukehren. Auf einsamen Wegen im Gebirge sollte man aber niemanden allein absteigen lassen!

Pro und Kontra von Wandern mit einer organisierten Gruppe

Pro einer organisierten Wandergruppe
- Wenn man noch nicht so erfahren ist, hat man die Chance, neue Routen und Gebiete kennenzulernen.
- Man erspart sich viel Zeit für den Recherche-, Planungs- und Buchungsaufwand.
- Die Kosten sind von vornherein klar abschätzbar und es warten keine bösen Überraschungen wie etwa plötzlich auftretende Taxikosten.
- In der Gruppe wandert und reist man ökologischer (z. B. ersetzt ein Minibus für die ganze Wandergruppe etliche getrennte Autos) und auch oft günstiger als alleine.

Azoren: Insel São Jorge

DIE WICHTIGSTEN WANDERTIPPS

- Das logistisch häufig mühsame Problem des Transfers zum Anfangs- und Endpunkt einer Wanderung wird von anderen gelöst.
- Mit einem guten, qualifizierten und lokal verwurzelten Guide erlebt und sieht man unterwegs einfach viel mehr. Er/Sie öffnet Türen und ermöglicht sehr persönliche Zugänge und Begegnungen.
- Entertainment-Faktor: In der Gemeinschaft macht Wandern oft mehr Freude und schafft Geselligkeit.
- Motivation: In der Gruppe motiviert man sich gegenseitig.
- Sicherheit: Eine Gruppe gibt Sicherheit. Im Notfall können die Anderen rasch Hilfe leisten und/oder holen.
- Kommunikation: Beim Wandern kann man wunderbare Gespräche führen und seine Eindrücke unmittelbar mit anderen Menschen teilen.

- Man kann sich aber auch gut aus dem Weg gehen. Wenn man mal jemanden in der Gruppe meiden will, kann man beim Wandern schnell einige Meter zwischen sich und andere bringen. Ruhepausen ohne zu reden sind oft auch entspannend und in jeder Gruppenreise machbar. Hier gilt es, sich seine Freiräume und Pausen selbst zu schaffen und einzufordern.
- Freundschaften: Man lernt sich beim gemeinsamen Wandern gut und auf eine entspannte Art kennen. Viele Freundschaften entstehen beim gemeinsamen Gehen.

Kontra einer organisierten Wandergruppe

- Geringere Flexibilität: Man kann nicht alles selbst so planen, wie man es genau möchte.
- Start und Ende sowie die Länge der Tour sind nicht flexibel.
- Weniger Kontemplation: Man ist nicht mit sich allein und hat eventuell nicht seine Ruhe.
- Allein kann man in seinem eigenen Tempo gehen und Pausen so timen, wie man es möchte.
- In einer zu ungleichen Gruppe sind manche eventuell zu langsam und andere zu schnell unterwegs. Die einen sind dann über-, die anderen unterfordert.
- Wenn Einzelne in der Gruppe nicht sympathisch sind, könnte es mühsam werden.
- Ein starres Programm sagt nicht jedem zu und weckt manchmal Bedenken, zu wenig Zeit für sich selbst zu haben.

DIE WICHTIGSTEN WANDERTIPPS

MEINE ERFAHRUNG:
Viele Ängste vor organisierten Wandergruppen lösen sich unterwegs rasch auf. Das Draußen-Sein und die Weite der Natur entspannen ohnehin alle. Es gibt zudem immer ausreichend Platz, jemandem nicht so Sympathischen aus dem Weg zu gehen. Zudem ticken Menschen, die gerne wandern und draußen sind, ähnlich und sind entspannte Leute.

Verhalten auf Berghütten

Ein kleiner „Hüttenknigge" mit wichtigen Tipps und Tricks

Für viele ist es die Krönung eines schönen, gelungenen Wandertages und die Belohnung für die körperliche Anstrengung: Die Vorfreude auf ein herzhaftes Essen, einen gemütlichen Hüttenabend und eine erholsame Nachtruhe lässt viele Wanderer auf den letzten Kilometern noch ein paar Extrakräfte mobilisieren. Doch manchmal verlaufen Hüttenaufenthalte nicht ganz so erquicklich wie erhofft. Seien es grölende, trinkfeste Wanderer, lautstarkes Schnarchen oder rücksichtslos polternde Extrem-Frühaufsteher – auch in seliger Höh' rund um die Baumgrenze können Grenzen des Respekts rasch überschritten werden. Dabei ist es ganz einfach: Wenn sich alle Hüttengäste an einige einfache Regeln halten, verläuft der Aufenthalt für alle entspannter – für Wanderer und Hüttenwirte. Zum Glück kann jeder auch selbst etwas zum besseren Schlaf (Stichwort „Ohropax") und zur Stressreduktion beitragen.

Verständnis entwickeln

Eine Schutzhütte im Gebirge zu errichten und zu bewirtschaften ist wahrlich harte Arbeit – ein echter Knochenjob! Dazu kommen noch die zumeist kurze Saison sowie eine hohe Wetterabhängigkeit. An Schönwetterwochenenden drängen sich oft Menschenmassen auf sehr engem Raum, bei Regenwetter hingegen bleiben Hütte und Kasse leer. Eine wirtschaftliche Berg- und Talfahrt! Ein gewisses Verständnis von Seiten der Hüttengäste für die schwierigen Umstände ist daher eine wichtige Basis. Schließlich kann und soll oben auf der Hütte nicht alles genauso funktionieren wie im Tal – deswegen geht man ja in die Berge!

Vor der Pühringerhütte im Toten Gebirge

Frühzeitig reservieren – und unbedingt auch rechtzeitig stornieren

Es ist für Gäste und Hüttenwirte gleichermaßen ärgerlich, wenn Wanderer nach einer langen Wanderung zu einer überbelegten Hütte kommen und keinen Schlafplatz mehr finden. Daher unbedingt vorab reservieren! Die Kontaktdaten aller Hütten findet man z. B. über die Alpenvereine (siehe Links auf Seite 220). Dort gibt es mittlerweile schon ein umfassendes Reservierungsportal.

Wenn man reserviert hat, bitte gegebenenfalls auch wieder stornieren, sonst warten die Hüttenwirte auf ihre Gäste. Inzwischen häuft es sich, dass Reservierungen für mehrere Hütten gleichzeitig gemacht werden, weil sich Wanderer die Option offenhalten wollen, entweder hier- oder dorthin zu fahren. Das ist nicht in Ordnung: Hütten sind keine Hotels, sondern müssen ganz genau planen. Wer doppelt reserviert, nimmt jemand anderem die Möglichkeit zu wandern. Das ist unsolidarisch!

Bergschuhe ausziehen

Bergschuhe gehören grundsätzlich nicht in den Schlafbereich, besser auch nicht in die Gaststube der Hütte. Daher gibt es auf fast jeder Hütte einen Raum oder Bereich zum Abstellen der Schuhe – oft inklusive Hüttenschuhen zum Ausborgen. Es empfiehlt sich auch, selbst leichte Hüttenschuhe mitzunehmen. Durchgeschwitzte Wandersocken bitte auch nicht im Schlafraum oder in der Gaststube aufhängen!

Stöcke, Rucksäcke und Regenjacken nicht im Gastraum lagern

Feuchte Jacken, Stöcke und Rucksäcke bitte nicht im Gastraum lagern. Diese Utensilien stehen dort unnütz im Weg herum und belegen die oft ohnehin knappen Sitzplätze.

Hüttenruhe einhalten

Auf fast allen Berghütten herrscht zwischen 22:00 und 6:00 Uhr absolute Nachtruhe. Wenn Sie früher los wollen, dann bitte am Abend packen und sich auf leisen Sohlen aus dem Schlaflager hinausschleichen. Manche Hütten bieten ein „Frühaufsteherfrühstück", das am Vorabend bestellt werden kann.

Taschen- oder besser Stirnlampe

Um 22:00 Uhr wird in vielen Hütten das Licht und damit oft gleich der Strom abgedreht – dann ist es zappenduster. Für den nächtlichen Weg zur Toilette braucht man unbedingt ein eigenes Licht. Eine Stirnlampe kann zudem unschätzbare Dienste leisten, wenn man ungeplant zu lange unterwegs ist und die Nacht schon am Weg hereinbricht. Außerdem kann diese als Signalgeber für Notfälle in der Nacht dienen.

Ohropax mitnehmen

Wer neben laut sägenden Schnarchern nicht gut schlafen kann, dem seien zum besseren Schlaf im Lager eigene Ohrstöpsel wärmstens empfohlen. Es gibt inzwischen ganz weiche Varianten von Ohropax, die auch für empfindliche Ohren geeignet sind.

Zeitvertreib

Spielkarten, Spiele im Pocketformat oder ein gutes Buch in Papierform oder auf dem E-Reader (dessen Displaybeleuchtung ermöglicht Lesen im Dämmerlicht und er wiegt weniger) helfen auch, einen etwaigen Schlechtwettertag kurzweilig zu verbringen.

Geld: Nur Bares ist Wahres

Da es auf vielen Berghütten kaum Handyempfang und auch nicht immer Strom gibt, kann man meist nicht mit Bankomat- oder Kreditkarte bezahlen. Bitte kalkulieren Sie daher ausreichend Bargeld mit etwas Kleingeld für Ihre Übernachtung sowie Speis und Trank mit ein (ca. 50 Euro pro Person und Tag).

Hüttenschlafsack mitnehmen

Die meisten Hütten verlangen für die Übernachtung im Lager, dass die Gäste ihren eigenen Schlafsack mitbringen. Manchmal kann man einen Hüttenschlafsack aus Baumwolle auch auf der Hütte käuflich erwerben. Investieren Sie lieber davor in einen Hüttenschlafsack aus Seide, diese sind viel leichter und man muss weniger schleppen. Nehmen Sie immer einen Schlafsack, der auch das Hüttenkissen überdeckt, und denken Sie daran, ihn auch über dieses zu stülpen.

Eigenes Essen nur für die Pausen unterwegs

Hüttenwirte leben vom Verkauf ihrer Speisen und Getränke während einer oft nur sehr kurzen Saison. Wer den Komfort einer bewirtschafteten Hütte genießen möchte, der bestellt die angebotenen Speisen von der Karte.

Müll wieder mit nach unten nehmen

Oben auf den Bergen gibt es keine Müllabfuhr, daher bitte sämtlichen eigenen Müll wieder mit hinunter ins Tal nehmen. Störenden Abfall unterwegs könnte man auch ab und zu mal einsammeln.

Hunde erlaubt?

Viele Hütten sind nicht für eine Übernachtung von Hunden ausgelegt, daher unbedingt vorher abklären.

Eintrag ins Hüttenbuch zur eigenen Sicherheit

Geben Sie gut leserlich Ihren vollen Namen und das nächste Ziel an. Das erleichtert im Fall eines Unglücks die Suchaktion der Bergrettung.

Mitgliedschaft bei einem Bergsteiger-/Wanderverein

Über 2.000 Hütten in den Alpen sind Schutzhütten und gehören zu einem der Bergsteiger- oder Wandervereine, was starke Vergünstigungen bei den Übernachtungspreisen für die Mitglieder mit sich bringt. Eine tolle Sache: Alle alpinen Vereine, die Hütten besitzen, kooperieren in einem Gesamtverband, daher gelten die Ermäßigungen mit einer Vereinsmitgliedschaft auch für die meisten anderen Vereinshütten. Sprich: Die Mitgliedschaft beim Alpenverein ermöglicht z. B. auch Ermäßigungen bei Naturfreunde-Hütten und auch in ausländischen Alpenvereinshütten.

Vereinsmitglieder bekommen auf den Hütten immer auch ein vergünstigtes Bergsteigeressen, haben (kostenpflichtigen) Anspruch auf „Teewasser" und zudem einen umfassenden Versicherungsschutz inklusive Unfallschutz und Bergungskosten – oft auch bei Auslandsreisen.

Zudem bieten die alpinen Vereine ein breites Informationsangebot, eine Wetterberatung und viele Freizeitangebote und Kurse. Die Kosten einer Mitgliedschaft liegen bei 45–90 Euro pro Jahr und Person.

Unterschied Schutzhütte und Privathütte

Neben den Vereinshütten gibt es aber auch private Hütten, bei denen die oben genannten Mitgliedervorteile zumeist nicht gelten.

Tipps und Tricks rund ums Wandern mit Kindern

„Wandern? Wie langweilig!" – Diese Reaktion des Nachwuchses wird vielen naturbegeisterten Erwachsenen bekannt vorkommen. Dabei kann Wandern mit Kindern traumhaft schön sein. Ob nah oder fern – ich habe dutzende Wanderungen mit meinen Kindern unternommen. Darunter gab es unvergessliche Highlights: So wanderten wir vor Jahren mit unserem jüngsten Sohn, damals zarte zweieinhalb Jahre alt, sogar auf den legendären Poon Hill in Nepal. Eines der schönsten und emotionalsten Erlebnisse meiner Wanderkarriere. Kinder wollen sich bewegen, sie lernen schnell, sind neugierig und lassen sich wunderbar begeistern, bestätigt auch Alpinmediziner Dr. Bernd Haditsch. Kinder, die ihre Freizeit aktiv gestalten, haben bessere Lernerfolge und können mit Stresssituationen und Konflikten besser umgehen. Wandern kombiniert Ausdauer- und Krafttraining mit Koordinationsübungen. Dennoch wichtig: Kinder sind keine kleinen Erwachsenen – daher bitte kein falscher Ehrgeiz! Die Kinder gehen nicht mit den Eltern, sondern die Eltern mit den Kindern.

Grundsätzlich gilt: Auf jeden Wanderausflug mit Kindern sollten sich Erwachsene besonders gut vorbereiten und die Routen sorgfältig wählen. Lassen Sie sich keinesfalls entmutigen, wenn Ihnen andere sagen wollen, was man mit Kindern alles nicht machen könne! Versuchen Sie stattdessen, Ihre eigenen Erfahrungen zu machen. Mit ein paar Tricks lassen sich auch die Kleinen zu Großem motivieren – einem gemeinsamen und im besten Fall unvergesslichen Naturerlebnis für die ganze Familie steht dann nichts im Wege. Spätestens, wenn die Kinder treuherzig fragen: „Wann gehen wir endlich wieder wandern?", wissen Sie, dass Sie alles richtig gemacht haben und die Tipps wirken.

Das wichtigste Erfolgsgeheimnis für gelungene Wanderungen sind andere Kinder

Das große Erfolgsgeheimnis für freudvolles Wandern mit den eigenen Kindern sind meist andere Kinder. Nur mit den Eltern alleine zu wandern ist langweilig. Wenn man sich mit einer zweiten Familie mit gleichaltrigen Kindern zusammentut, ist eine erfolgreiche Wanderung fast schon garantiert.

Keine „Unbedingt"-Ziele

Wählen Sie beim Wandern mit Kindern im Vor- oder Grundschulalter lieber kürzere Strecken statt ehrgeizige Tagesetappen. Nehmen Sie sich für Ihr eigenes Glück und das Glück Ihrer Kinder keine „Unbedingt"-Ziele vor. Einen Gipfel können Sie alleine ansteuern, mit den Kindern ist der Weg das Ziel. Die Kleinsten bestimmen den Schritt. Welches Tempo sie an den Tag legen, hängt davon ab, wie spannend oder lustig der Weg erlebt wird. Diesen Erlebniswert kann man als Erwachsener zum Glück beeinflussen. So lassen ein paar kindgerechte „Eventstationen" jede Anstrengung vergessen. Gerne denke ich an abwechslungsreiche Wanderungen mit meinen Kids zurück – etwa in der wunderbaren Südsteiermark: Die Kinder haben es merkbar genossen, sich entlang eines Bachs in einer Klamm auszutoben. Wassermühlen am Weg, eine tolle Aussicht von oben und die Einkehr in einer Buschenschank bieten eine Reihe kindgerechter Abenteuer.

Schweden: Floßfahrt auf dem Klarälven

DIE WICHTIGSTEN WANDERTIPPS

Abwechslung und Pausen

Wenn Wandern zum Abenteuer wird, macht es Kindern am meisten Spaß. Das gelingt etwa mit kleinen Hindernissen auf dem Weg, die es zu meistern gilt – z. B. liegende Baumstämme, über die man balancieren kann. Auch Pausen müssen sein: Steine oder Hölzchen in einen Bach zu werfen, kann dabei zum reinsten Vergnügen werden.

Die Sinne aktivieren

Welche Geräusche sind im Wald zu hören? Wie tost der Wasserfall? Wie fühlt sich der Boden an? Einfach mal die Schuhe auszuziehen und barfuß über Moos oder Steine laufen. Kinder lieben es, ihre Umgebung mit allen Sinnen zu erfahren: Ein Blick durchs Fernglas, einen Käfer beim Krabbeln beobachten oder mit bloßen Füßen am Bachufer entlanggehen – das ist Spannung und Abwechslung pur.

Steiles Gelände

Vorsicht bei steilem und gerölligem Gelände! Wählen Sie den Weg, den Sie mit Ihren Kindern gehen wollen, ganz bewusst. Im Zweifel einfache Routen statt Gerölletappen, die die Trittsicherheit vor allem kleiner Kinder rasch überfordern könnten.

Pausen und frühe Stärkung

Meine Erfahrung ist, dass Kinder meist schon nach den ersten 30 Minuten eine kleine Pause und Stärkung brauchen. Eine gute Zeitplanung mit ausreichend Erholungspausen – zumindest das 1,5–2-fache der Zeitangaben – ist ebenso notwendig, wie darauf zu achten, dass die Kinder immer wieder in im Vergleich zu Erwachsenen kürzeren Abständen essen und trinken, empfiehlt Alpinmediziner Haditsch. Eine Wanderung sollte nicht nach dem Leistungs-Belohnungs-Schema gestaltet werden. Also bitte nicht so: „Gleich sind wir bei der Hütte, dort bekommst du was zu trinken."

Zudem nicht vergessen:
Viel trinken!
Sonnencreme und Sonnenschutz!

Kraxe/Trage
Das Tragen eines Kindes erfordert Kondition, unterschätzen Sie daher vor allem nicht den Abstieg!

Erfolgserlebnisse planen
Gibt es einen Wanderstempel beim Hüttenwirt? Wenn ja, dann gleich im Wanderheftchen verewigen. Spaß kann es auch machen, kleine Schätze im Wald zu verstecken oder auf die Suche nach der schönsten Blume zu gehen. Wenn das Wanderziel erreicht ist, gibt es vielleicht eine kleine Belohnung. Auch die Pausenmahlzeit schmeckt dann besonders gut.

Wie war das mit Frau Holle?
Sollten die kleinen Beine schon sehr, sehr müde sein, dann helfen Frau Holle & Co. Ein, zwei Märchen, von Mama oder Papa beim Wandern höchstpersönlich erzählt, lassen die Müdigkeit rasch vergessen und das Ziel unbemerkt ein gutes Stück näher rücken.

Kinder und Kondition

Der wesentliche Unterschied zu erwachsenen Wanderern ist, so Alpinmediziner Bernd Haditsch, dass Kinder bzw. Jugendliche schneller erschöpfen – sich aber zum Glück auch schneller wieder erholen. Auch die Temperaturregulation unterscheidet sich insbesondere bei kleinen Kindern deutlich, wodurch die Gefahr der Unterkühlung wesentlich höher ist. In weitaus größerem Ausmaß muss bei Kindern auf Wind, Kälte, Strahlung und Feuchtigkeit geachtet werden, ebenso natürlich auf das Rucksackgewicht.

Kletter-Künstler

Wandern als (Ausdauer-)Belastung im Freien ist kein Problem. Zu berücksichtigen sind allerdings der Bewegungs- und Spieldrang sowie die Neugier. Klettereien sind besonders attraktiv: Sie sind kurzweilig und lustig, Kinder müssen klettern nicht lernen, sie können es instinktiv. Andererseits sollten Gletscher, Firnfelder, Klettersteige, alpine Kletterrouten und Trekking wegen der Risikoabschätzung, der technischen Herausforderungen und der notwendigen Selbstverantwortung erst ab dem 14. Lebensjahr in Erwägung gezogen werden.

Risiko vermeiden

Kinder können Risikosituationen nur bedingt einschätzen: Steigtechnisch ist zu empfehlen, bergauf hinter dem Kind zu gehen, bergab vor dem Kind. Wegen der erhöhten Stolper- und (Ab-)Sturzgefahr sollten Kinder nicht (bergab-)laufen. Erwachsene Begleiterinnen und Begleiter müssen einschätzen können, welcher „Naturspielplatz" sicher ist und wo etwaige Gefahren lauern.

Hoch hinaus?

Es spricht nichts dagegen, dass Kinder über die sogenannte Schwellenhöhe von 2.500 Metern aufsteigen, so Dr. Haditsch. Sie sollten allerdings wissen, dass auch Kinder höhenkrank werden können. Altersabhängig äußert sich das auf unterschiedliche Art und Weise. Während sich die akute Höhenkrankheit bei Säuglingen und Kleinkindern mit Unruhe, Appetitverlust, geändertem Schlaf- und Spielverhalten äußert, zeigen Schulkinder und Ältere bereits mit Erwachsenen vergleichbare Anzeichen wie Kopfschmerz, Übelkeit bis Erbrechen und körperliche Schwäche.

Null Bock!?

Man soll vor allem Jugendliche in der Pubertät nicht unbedingt zum Wandern verdonnern. Da ist es besser „loszulassen" und sich in Geduld zu üben, anstatt zu viel Druck auszuüben. Nach einigen Jahren „Null Bock auf Wandern" kommt die Freude daran (meistens) wieder. Ich spreche hier zweifach aus eigener Erfahrung: Einerseits mochte auch ich das Wandern mit den Eltern als Jugendlicher nicht – und andererseits leide ich als Vater gerade unter dem Wanderboykott meiner Teenager.

GESUN

Kroatien: Unterwegs im Nationalpark Velebit

DHEIT

Gesund und sicher unterwegs

Bewegung ist die Medizin des 21. Jahrhunderts

Wandern als Bewegungstherapie und die gesundheitsfördernde Wirkung des Wanderns

Interview mit Alpinmediziner **Dr. Bernd Haditsch**

„Bewegung ist gesund", weiß bereits der Volksmund. Aber worin genau besteht, medizinisch betrachtet, ihre präventive Wirkung?

Bewegung hilft gegen Übergewicht, Bluthochdruck und die Zuckerkrankheit, schützt vor Krebs, stärkt den Kreislauf und das Immunsystem und stützt die Psyche. Daher ist Bewegung für mich das Medikament des 21. Jahrhunderts. Sich zu bewegen ist beinahe immer und überall möglich, es braucht nicht viel Zeit, kostet nicht viel Geld und – richtig angewendet – ist dieses „Medikament" frei von Nebenwirkungen.

Welche Art der Bewegung empfehlen Sie besonders?

Es ist egal, was Sie machen, Hauptsache, Sie bewegen sich regelmäßig und mit Freude. Von allen Sportarten empfehle ich Wandern am liebsten. Wandern ist ein wunderbarer Ganzjahres- und Ganzkörpersport. Die Muskulatur und die Gelenke wollen bewegt werden, das Herz und die Lungen werden belastet, aber nicht überlastet, und der Stoffwechsel wird angeregt. Neben der körperlichen Ertüchtigung werden zudem viele Sinne angeregt: Sehen, Hören, Fühlen und Riechen.

Eignet sich Wandern auch als Ausdauertraining?

Auf jeden Fall. Wandern ist eine exzellente Art des Ausdauertrainings. Für einen spürbaren Trainingseffekt ist es vorteilhaft, mindestens einmal pro Woche mehrere Stunden zu wandern. Das Tempo sollte so gewählt werden, dass man sich dabei gerade noch unterhalten kann. Ausdauertraining kommt der Gesundheit des Herz-Kreislauf-Systems sehr zugute: Um den Körper ausreichend mit Sauerstoff zu versorgen, genügt beim trainierten Herzen ein niedrigerer Ruhepuls, auch der Blutdruck wird positiv beeinflusst. Zugleich wird die Atemmuskulatur gestärkt und die Lungenfunktion verbessert. Beim längeren Wandern in Höhen ab ca. 1.700 Metern verbessert sich zudem die Qualität der roten Blutkörperchen, was eine erhöhte Sauerstoffabgabe an den Körper und somit eine Leistungssteigerung bedeutet. All dies hat Vorteile für den Alltag: Gut trainiert kommt man bei körperlichen Anstrengungen jedweder Art nicht mehr so schnell ins Schnaufen und das Herz kann ökonomischer arbeiten.

Inwieweit ist Wandern auch Kopfsache?

Tatsächlich stärkt Wandern auch die Psyche: Bewegung in der Natur setzt viele positive neuropsychologische Prozesse in Gang und wirkt stark stimmungsaufhellend. Der Alpenverein hat diesen Effekt in einer ausführlichen Studie dokumentiert (siehe Linksammlung, Seite 221). Daher wird Wandern sogar als Therapie gegen Depressionen eingesetzt.

Worauf müssen Menschen mit Vorerkrankungen achten?

Wandern ist von jung bis alt möglich, auch mit bereits bestehenden Krankheiten. Ja, gerade Menschen mit Stoffwechselerkrankungen wie der Zuckerkrankheit und mit Herzkreislauferkrankungen wie Bluthochdruck profitieren vom Wandern nachhaltig, sodass Wandern als Bewegungstherapie immer mehr in die Therapiekonzepte dieser Krankheiten Eingang findet. Es hat sich gezeigt, dass auch bei Krebspatienten der Krankheitsverlauf durch Ausdauersport wie Wandern günstig beeinflusst wird.

Welche körperlichen Voraussetzungen braucht es für Wanderungen?

Um das Wandererlebnis sorgenfrei genießen zu können, ist es empfohlen, sich selbst und das Unternehmen richtig einzuschätzen. Die sportliche Leistungsfähigkeit hängt von einer Vielzahl an individuellen Faktoren ab: Gesundheitssituation, Konstitution, Kondition, Koordination und technisches Verständnis. Nicht zu vergessen sind außerdem die Persönlichkeitsfaktoren wie Wille, Leidensfähigkeit und psychische Stabilität. Auch nicht beeinflussbare Faktoren wie Wind und Wetter müssen berücksichtigt werden. Für die Gesundheit nicht zu unterschätzen sind drei wesentliche Umweltbedingungen: Kälte, Wind und UV-Strahlung. Bedenken Sie, dass die UV-Strahlung um vier Prozent je 300 Höhenmeter zunimmt und dass es auch bei Nebel und Bewölkung zu Sonnenbrand und Bindehautentzündung kommen kann. Ebenso sollte man bedenken, dass sich Nässe und Kälte vor allem in Verbindung mit Wind und bei länger dauernden Wanderungen auf die Leistungsfähigkeit auswirken. Denn zur Wärmegewinnung wird Muskelzittern verwendet, daher steht weniger Muskelkraft zur Verfügung.

Wie kann ich meine persönliche Leistungsfähigkeit messen?

Die Leistungsfähigkeit kann prinzipiell bei einer ärztlichen Untersuchung festgestellt werden. Es ist davon auszugehen, dass sich die Leistungsfähigkeit bis zu einer Höhe von 2.500 Metern nicht wesentlich vom Alltag unterscheidet. Eine gute Grundkondition ist selbstredend kein Nachteil. Beim Wandern in großen Höhen (ab 2.500 Metern), z. B. beim Trekking, sollte man berücksichtigen, dass die Leistungsfähigkeit pro 1.000 Höhenmeter um etwa zehn Prozent abnimmt. Um am Berg leistungsfähig zu bleiben, ist es notwendig, ausreichend – vorwiegend kohlenhydratreich – zu essen und genügend zu trinken. Wichtig: Nicht auf den Durst warten, denn das Durstgefühl kommt zu spät! Schon zwei Prozent Flüssigkeitsverlust – und das geht beim Wandern schnell – führen zu einer Verminderung der Leistungsfähigkeit. Ein guter Tipp: Der Harn soll wasserhell sein.

Unterwegs zwischen Pico Arieiro und Pico Ruivo auf Madeira

Was sollten Menschen mit Herz-Kreislauf-Erkrankungen und Lungenkrankheiten beachten?

Traurige Tatsache ist, dass die Mehrzahl der Todesfälle in den heimischen Bergen – oftmals nicht erkannte – Herz-Kreislauf-Erkrankungen als Ursache haben. Das Risiko ist mit Sicherheit das Nicht-Erkennen bzw. Verdrängen der Frühwarnsymptome. Daher rate ich jeder und jedem, eine jährliche Vorsorgeuntersuchung durchzuführen. In Österreich steht sie ab dem 18. Lebensjahr einmal pro Jahr kostenfrei zur Verfügung und in Deutschland wird der sogenannte Check-up 35 angeboten. Hierbei wird auf Risikofaktoren untersucht, die Sie nicht spüren – Blutdruck, Blutzucker und Blutfette. Gemeinsam mit dem Faktor Rauchen bekommen Sie eine gute Einschätzung, ob ein erhöhtes Risiko für Herz-Kreislauf-Erkrankungen besteht. Zudem werden Sie über mögliche Frühwarnzeichen informiert. Das ist wertvoll für den Alltag und für die aktive Freizeitgestaltung.

Darf man nach einem Herzinfarkt oder Schlaganfall noch auf eine Wandertour?

Ja, selbst nach solchen Ereignissen spricht nichts dagegen, wandern zu gehen. Im Gegenteil: Es gibt sogar eigene Rehabilitationsprogramme mit Wandern in mittleren Höhen. Die grundlegenden Gesundheitsrisiken müssen bestmöglich behandelt sein – ein erhöhter Blutdruck muss medikamentös gut eingestellt sein, ebenso eine Zuckerkrankheit. Betroffene müssen sich im Alltag leistungsfähig fühlen und beschwerdefrei sein. Die fachärztlichen Untersuchungen und Rehabilitationsverfahren nach einem derartigen Ereignis müssen ohne weitere abklärungsbedürftige Ergebnisse und ohne subjektive Beschwerden absolviert werden. Es ist wichtig, sich mit der Erkrankung gut auszukennen. Vom Bergwandern abgeraten wird Patienten mit instabiler Angina pectoris, einem immer wieder auftretenden Brustengegefühl, Kurzatmigkeit und Leistungsminderung, Personen mit mittel- bis hochgradigen Herzklappenerkrankungen sowie Patienten mit Lungenhochdruck und Patienten mit höhergradiger COPD (= chronisch obstruktiver Lungenerkrankung). Für das Höhentrekking sollten sich herz- und lungenkranke Personen rechtzeitig von speziell ausgebildeten Medizinern beraten und untersuchen lassen.

Wie vertragen sich Diabetes und Wandern?

Bei Typ-2-Diabetikern mit dem sogenannten Alterszucker ist Wandern ein hervorragender Ausdauersport, der die Stoffwechselsituation und damit den Blutzucker positiv beeinflusst. Typ-1-Diabetes, der zumeist im Kindes- bis Jugendalter auftritt, ist insulinpflichtig. Hier müssen Betroffene sehr gut Bescheid wissen und vor allem die Signale des eigenen Körpers verstehen, weil die Insulingabe bei körperlicher Belastung zu einer Unterzuckerung und damit möglicherweise zu körperlichen Gefahren führen kann. Die Betroffenen und vor allem die Begleiterinnen und Begleiter sollten mit der Notfallmedikation (Glucagon) geschult sein. Bei mehrtägigen Unternehmungen muss beachtet werden, dass Insulin kühl gelagert werden muss, aber nicht einfrieren darf.

Weitere Vorerkrankungen, die zu beachten sind?

Epileptiker müssen medikamentös gut eingestellt und schon längere Zeit anfallsfrei sein. Patienten, die blutverdünnende Medikamente nehmen, müssen wissen, dass sie eine erhöhte

(Ein-)Blutungsgefahr haben – nicht nur bei äußerlichen Verletzungen, sondern auch bei einem stumpfen Trauma, einem Sturz mit Prellung im Brust- und Bauchbereich, ebenso wie bei einem Belastungstrauma der Gelenke, wie einem blutigen Kniegelenkserguss.

Wie kann man orthopädischen Problemen vorbeugen?

Diese machen wohl die Mehrheit der sport- und auch wanderbedingten Gesundheitsstörungen aus. 80 Prozent der Wanderer geben an, gelegentlich bis regelmäßig Gelenksbeschwerden zu haben. Mit knapp 60 Prozent ist das Knie mit deutlichem Abstand das am meisten betroffene Gelenk, gefolgt von Sprunggelenk, Wirbelsäule, Hüft- und Schultergelenk. Das Problem sind chronische Überlastungsschäden. Während die Muskulatur gut und schnell trainierbar ist, können wir Sehnen, Bänder und Gelenke wenig bis gar nicht trainieren, zudem dauert bei Letzteren der Heilungsprozess wesentlich länger.

Das „Bergsteigerknie" macht vielen Wandernden zu schaffen. Worin liegt die Ursache und was empfehlen Sie zur Prophylaxe?

Die Ursachen, warum das Kniegelenk besonders betroffen ist, sind mannigfaltig. Zusätzlich zur altersentsprechend zunehmenden Gelenksabnutzung kann eine ungenügend trainierte und/oder bereits ermüdete (Oberschenkel-)Muskulatur einen ungünstigen Effekt haben. Beim Bergabgehen kommt es zu einer – oft langanhaltenden – Druckbelastung der Kniegelenksknorpel, die das eigene Körpergewicht übertreffen kann. Präventiv wirken sich neben einem guten Krafttraining der Haltemuskulatur folgende Maßnahmen günstig aus: In der Tourenvorbereitung, wenn möglich, flachere Abstiegswege planen, nicht bergab laufen, gut passende Schuhe – evtl. mit Dämpfungskeil – und Gelenksbandagen verwenden. Fußfehlstellungen sollten mit gut passenden Einlagen korrigiert werden. (Knie-)Gelenksschonend sind jedenfalls Stöcke, wobei auf eine richtige Stocktaktik – nahe am Körper, gegengleicher Rhythmus von Armen und Beinen – geachtet und die Stolpergefahr nicht missachtet werden sollte. Der Rucksack kann wesentlich zum „orthopädischen Wohlbefinden" beitragen. Stichwort: Tragesystem – Gewicht – Packordnung. Mehr zum Einsatz von Stöcken und zum Rucksack siehe Seiten 99 und 109.

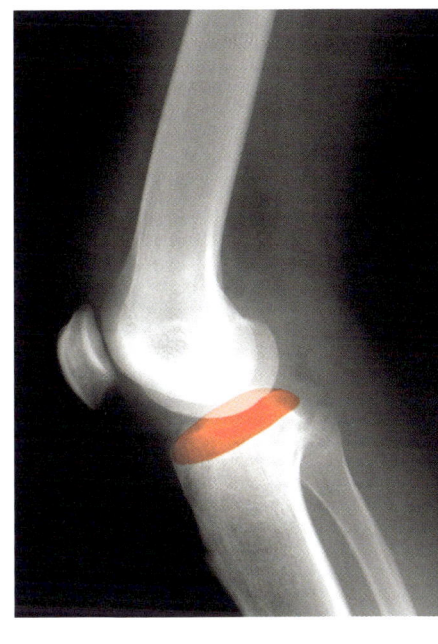

Abschließend Ihre Einschätzung zum Wandern in der Schwangerschaft?

Ausdauersportarten wie Walken, Joggen, Schwimmen, Skilanglaufen und eben Wandern haben erwiesenermaßen einen günstigen Effekt auf die Schwangerschaft. Von Sportarten mit hohem Sturzrisiko und Extrembelastungen ist natürlich abzuraten.

Blasen, Sonnenschutz und Trinken

Blasen vorbeugen

Klein, aber quälend: Schmerzhafte Blasen haben schon bei vielen die Wanderlust – oft schon nach wenigen Stunden – empfindlich getrübt. Reibstellen entstehen durch unpassende Schuhe, aber auch durch empfindliche, verschmutzte Hautstellen oder feuchte Wandersocken.

Die gute Nachricht: Bei längeren Touren tritt meist ein „Gewöhnungseffekt" ein. Nach einigen Wandertagen akklimatisiert sich die Fußhaut und das Problem tritt nicht mehr auf. In manchen Fällen sollte man sich allerdings nach einem neuen, besser passenden Wanderschuh umsehen.

- **Optimale Bedingungen schaffen**
  Um Blasen vorzubeugen, kann man einiges tun: Saubere Füße, evtl. Hirschtalgcreme, gute Wandersocken (z. B. aus Merinowolle) und perfekt passende Wanderschuhe (siehe „Von Ausweise bis Zwiebelprinzip: Ausrüstungstipps von A bis Z", Seite 84) helfen vorab, das Problem zu vermeiden. Neue Wanderschuhe unbedingt vor einer größeren Tour probeweise auf einer kleinen Wanderung ausprobieren, um potenzielle Druck- und Reibstellen frühzeitig zu erkennen.

- **Früherkennung und rasche Reaktion**
Sobald man auf einer Wanderung die ersten Reibstellen auch nur erahnt, keinesfalls abwarten, sondern sofort anhalten und die betroffenen Stellen mit Sporttape (z. B. Leukoplast 2,5 cm) überkleben bzw. bekannte Problemstellen schon vor dem Losgehen abkleben. In diesem frühen Stadium muss man auch noch nicht die teuren Blasenpflaster verwenden. Bitte nicht, „um keine Umstände zu machen", am Beginn einer Wanderung einfach weitergehen und das erste Reiben ignorieren! Vorzeitiges Abkleben kann schon vieles abfangen.

- **Im Fall des Falles wirken Blasenpflaster Wunder**
Wenn es bereits zu Blasen oder offenen Hautstellen gekommen ist, dann helfen die speziellen Blasenpflaster der Firma „Compeed" oder „2nd Skin" von „Spenco" erfahrungsgemäß sehr zuverlässig.

- **Wie geht es mit der Blase weiter?**
Ist die Blase nach der Rückkehr noch geschlossen und es ist keine weitere Tour geplant, kann man einfach abwarten, bis sich die Haut darunter regeneriert, die Blase austrocknet und sich die Blasenhaut schließlich löst. Alternativ kann man sie mit einer sterilen Nadel aufstechen, die Flüssigkeit herauslassen und die Stelle mit einer Desinfektionslösung und einer sterilen Wundauflage oder einem Pflaster behandeln.

Sonnenschutz ist mehr als nur Sonnencreme

Insbesondere in größeren Höhen oder südlichen Ländern darf man die Intensität der Sonne nicht unterschätzen. Ein Sonnenstich löst Übelkeit, Durchfall und Kopfschmerzen aus, ein Sonnenbrand kann zu Fieber und schweren Hautschäden führen. Daher ist Sonnenschutz viel mehr als das Einschmieren der Haut mit Sonnencreme.

In sonnenintensiven Bergregionen ist zusätzlich zur Sonnencreme mit hohem Lichtschutzfaktor (25 oder mehr) ein helles, langärmeliges Hemd mit geprüftem UV-Schutz – gemessen in UPF (Ultraviolet Protection Factor) – anzuraten, ebenso wie eine hochwertige Sonnenbrille mit Seitenschutz und hohem UV-Schutz.

Tragen Sie stets auch eine Kopfbedeckung, die den Nacken schützt (z. B. einen breitkrempigen Hut), um einen Sonnenbrand am Kopf und

Lesachtal/Kärnten

im Nacken bzw. einen Sonnenstich zu vermeiden. Die Kopfbedeckung schützt auch vor Kälte, Wind und Nieselregen und erspart so evtl. Kopfschmerzen am Abend. Ein Trekkingtuch ist vielfältig einsetzbar: als Wind- und Sonnenschutz oder Stirnband.

Unterschätzen Sie auch niemals die Gefahr in verschneiten Gebieten. Der Schnee reflektiert die Strahlung zu fast 100 Prozent! Bei bedecktem Wetter muss man sich ebenfalls vor der Sonne schützen, denn auch dann ist die Einstrahlung oft hoch.

Dazu kommt – in größeren Höhen –, dass die Symptome eines Sonnenstichs denen einer beginnenden Höhenkrankheit sehr ähnlich sind. Man schwächt den Körper durch zu viel Sonne zusätzlich und wird anfälliger für andere Reisekrankheiten.

Trinken – literweise in vielen kleinen Schlucken!

Je nach Temperatur und Höhenlage braucht der Körper drei bis sechs Liter Flüssigkeit am Tag. Je heißer es ist und je höher die Route, desto mehr Flüssigkeit muss man zu sich nehmen. Die besten Durstlöscher sind sauberes Trinkwasser und (lau-)warmer Tee. Trinken Sie lieber öfter kleine Schlucke als große Mengen auf einmal. Alkohol beim Wandern bitte ganz vermeiden, er mindert die Konzentrationsfähigkeit, raubt Energie und erschwert im Hochgebirge die Höhenanpassung.

MEIN TIPP:
Alle 20 Minuten einen kräftigen Schluck Wasser trinken!

Wenn ich an heißen Tagen sehr schwitze, braucht mein Körper eine Extrazufuhr Elektrolyte. Ich greife dann gern zu einem Elektrolytpulver wie z. B. „Peeroton". Um Muskelkrämpfen vorzubeugen, löse ich Magnesiumpulver in Wasser auf (z. B. von „Magnosolv"). Auch Suppen kann ich als Elektrolytlieferanten empfehlen.

Unfällen und Notfällen vorbeugen

Tipps zur eigenen Sicherheit und individuellen Notfallprävention

*Gastbeitrag von **Guenter Hupfer**, staatlich geprüfter Lehrwart Bergwandern*

Natur- und Bergerlebnisse sind ein Quell größter Freude und Erholung. Unbedachte Schritte in freier Natur können aber auch schmerzvoll enden – im schlimmsten Fall sogar tödlich. Bei rund 2.000 Wanderunfällen im alpinen Gelände kamen zwischen Anfang Mai und Ende September 2020 alleine in Österreich 66 Menschen ums Leben. Nicht nur im Vergleich zu 2019, sondern auch im Vergleich zum 10-Jahresmittel ist laut Kuratorium für Alpine Sicherheit ein leichter Anstieg zu verzeichnen. Am häufigsten betroffen sind männliche Wanderer im Alter von 51 bis 80 Jahren beim Abstieg. Hauptursachen für die tödlichen Unfälle sind Herz-Kreislaufstörungen, Stürze, Stolpern und Ausgleiten. Schicksal? Alles den objektiven Gefahren im Gebirge zuzuordnen? Oder ist es eventuell sinnvoll, wenn sich jeder einzelne Bergsportler Gedanken darüber macht, was er als seinen ganz persönlichen Beitrag zu mehr Sicherheit im Bergland leisten kann?

Sicherheitsexperten zählen Selbstüberschätzung, Gruppendynamik, körperliche Verfassung, fehlende Ausbildung, mangelnde Vorbereitung und Geländekenntnis sowie ungenügende Ausrüstung zu den häufigsten Anlässen für Unfälle im alpinen Gelände.

Wie kann es nun gelingen, die Sicherheit in den Bergen zu erhöhen? Der österreichische Erlebnispädagoge Klemens Fraunbaum hat mit dem Vor-Aus-Prinzip© einen einfachen und wirkungsvollen Leitfaden erstellt, der für Berg- und Wanderführer sowie Trekking-Guides selbstverständlicher Standard ihrer Tätigkeit ist, aber auch jedem Wanderer geläufig sein sollte. Die konsequente Anwendung des Prinzips wird nicht alle Unfälle in den Bergen verhindern, stellt aber einen wesentlichen Beitrag zur individuellen Notfallvorsorge dar.

VORbereitung

- Nehmen Sie sich Zeit für eine fundierte Vorbereitung der Tour mit realistischer Detailplanung mithilfe von aktuellem Kartenmaterial, Fachliteratur und Online-Informationen (Tourenportale, elektronische Tourdaten für GPS-Geräte).
- Verwenden Sie Kartenmaterial (analog oder digital) für realistische Weg-Zeit-Berechnungen inklusive Pausenplanung und Identifikation von Schlüsselstellen.
- Beobachten Sie regelmäßig die Wetterlage für das Tourengebiet, um Tourenvarianten anzupassen bzw. die Tour gegebenenfalls abzusagen.
- Erkundigen Sie sich zeitgerecht über Hüttenöffnungszeiten, Betriebszeiten von Seilbahnen, Gruppentarife, Reservierungen, Wegzustände und Parkmöglichkeiten.
- Hinterlassen Sie bei einer Vertrauensperson Informationen über Ziel, Tour und die geplante Rückkehr.
- Checken Sie den persönlichen Versicherungsschutz und speichern Sie die erforderlichen Notrufnummern für das gewählte Tourengebiet.

VORbeugung
- Körperliche Fitness ist eine grundlegende Voraussetzung für Wander-, Berg- und Trekkingtouren.
- Fastenexperimente und Diäten kurz vor oder gar während einer Bergtour sind kontraproduktiv und schwächen den Organismus.
- Achten Sie auf regelmäßige Gesundheitschecks durch den Arzt des Vertrauens.
- Pflegen Sie eine klare Kommunikation innerhalb der Gruppe sowie einen sorgsamen Umgang mit einer kurzfristig auftretenden Schwäche eines Gruppenmitglieds.

VORsicht
- Die Dynamik innerhalb einer Gruppe kann sich negativ auf das Erlebnis auswirken, wenn die Fähigkeiten oder die körperlichen Voraussetzungen zu verschieden sind. Dann gilt es, Ausgrenzungen und Reibereien zu vermeiden!
- Wichtig bei einer Gruppentour: Alle Teilnehmerinnen und Teilnehmer sollten genau über das eigene Können Bescheid wissen.
- Angst bei Bergtouren kann lähmend wirken. Die Auseinandersetzung mit der Angst und die Unterstützung der Gruppe stärken das Selbstvertrauen des Einzelnen und auch das der Gruppe.
- Bei mehrtägigen Touren helfen gemeinsames Planen und Besprechen des kommenden Tagesprogramms. Wichtig sind auch tägliche Sicherheitschecks und die Kontrolle der Ausrüstung.

AUSbildung
- Touristen in Turnschuhen am Gletscher oder in Sandalen auf Geröllhalden sind ein klares Zeichen für mangelnde

Vorbereitung und fehlende Ausbildung. Deshalb sollte man immer auf das passende Schuhwerk achten.
- Im deutschsprachigen Raum gibt es viele Möglichkeiten für eine fundierte alpinistische Ausbildung: vom Einsteigerkurs für Wanderer, Orientierungs- und Wetterkunde bis hin zu speziellen Kletterkursen in Fels und Eis, Skitourenkursen sowie Schnee- und Lawinenkursen.

AUSrüstung

- Neue Materialien bzw. verbesserte Geräte sowie Neu- und Weiterentwicklungen bei Schuhen und Bekleidung erhöhen Komfort und Sicherheit.
- Die Ausrüstung erfüllt nur dann ihren Zweck, wenn sie adäquat eingesetzt wird. Stets das richtige Werkzeug für den jeweiligen Einsatzbedarf wählen!
- Bei der Anschaffung neuer Ausrüstung genügend Zeit einplanen! Entscheidend ist eine fundierte Beratung durch Fachleute in Sportgeschäften.
- Wichtig sind auch die regelmäßige Überprüfung des verwendeten Materials und der Austausch von nicht mehr tauglichen Ausrüstungsgegenständen bzw. -geräten.

AUSwahl

- Erst der Vergleich der Einzelheiten gibt letztlich Auskunft über die Sinnhaftigkeit der Teilnahme an einer Tour. Erst wenn die Komponenten Route, Bedingungen, Gruppe, Ausrüstung und eigenes Können in einem sinnvollen Verhältnis zueinanderstehen, ist die Basis für ein genussvolles Erlebnis gelegt.

Erste Hilfe: Was tun bei einem Wanderunfall?

Gastbeitrag von **Dr. Bernd Haditsch,** *Alpinmediziner*

Alpine Notfallsituationen sind vielfältig. Grundsätzlich lassen sich objektive Gefahren wie Wettersturz, Gewitter, Steinschlag oder Lawinen und subjektive Gefahren wie Selbstüberschätzung, mangelnde Vorbereitung, ungeeignete körperliche Verfassung oder mangelnde Ausrüstung unterscheiden. Bei Nebel vervielfachen sich die Gefahren zusätzlich und auch die Gruppendynamik kann eine maßgebliche Größe darstellen. Bei Notfällen am Berg kommt vor allem dem Faktor Zeit eine besondere Bedeutung zu. Zu lange Zeitabläufe können zu Unterkühlung oder Schockzuständen führen und Dauerschäden verursachen. Entscheidend ist es, sich rasch einen Überblick zu verschaffen. Kann die Verletzung selbst versorgt werden und der Verunfallte die Wanderung fortsetzen oder ist ein professioneller Rettungseinsatz nötig?
Grundsätzlich ist jeder Erwachsene verpflichtet, entsprechend seiner Ausbildung Erste Hilfe zu leisten. An vorderster Stelle steht dabei der Eigenschutz, also das Gebot, sich selbst nicht in Gefahr zu bringen. Die Einschätzung der allgemeinen Situation ist von zentraler Bedeutung. Meist sind lange und schwierige Transportwege zu bewältigen, die Geländebeschaffenheit und die Witterungsbedingungen korrekt zu beurteilen. Die Entscheidung, ob die Versorgung oder der Abtransport des Verunfallten vorrangig geschehen soll, erfordert gewisse medizinische Vorkenntnisse. Was aber jeder Laienhelfer tun kann: Hilfe holen! In

jedem Rucksack sollte ein Mobiltelefon vorhanden sein, ausgeschaltet, aber mit vollem Akku. Wenn man in einer Gruppe unterwegs ist, sollte man am Beginn auch gleich die Rollen aufteilen: Wer holt Hilfe, wer bleibt vor Ort etc. Sehr hilfreich für Retter ist auch das Übermitteln der Standortdaten des Verunfallten vom GPS!

Der **Euro-Notruf 112** gilt überall und funktioniert auch ohne SIM-Karte und statt dem PIN. Machen Sie sich aber dennoch vor der Tour mit den Funktionen Ihres Mobiltelefons vertraut!

Sie haben keinen Empfang? Schalten Sie Ihr Handy aus und wieder ein. Geben Sie statt des PINs den Euro-Notruf 112 ein und bestätigen Sie.

Sie können keinen Notruf absenden? Wechseln Sie Ihren Standort, wenn Sie sich in einem unversorgten Gebiet bzw. Funkschatten befinden.

Alternativen? Die alpinen Notsignale
Sechsmal pro Minute ein Zeichen, eine Minute Pause (Antwort: dreimal pro Minute ein Zeichen, eine Minute Pause) – eine Taschenlampe mit vollen Batterien und eine Trillerpfeife gehören in jeden Wanderrucksack. Auch möglich: SOS = dreimal kurz, dreimal lang, dreimal kurz

Bei Sichtkontakt
Beide Arme schräg nach oben „YES" = Ja, wir brauchen Hilfe. Ein Arm schräg nach oben, der andere Arm schräg nach unten: „NO" = Nein, wir brauchen keine Hilfe.

Wie verhalte ich mich bei einem Hubschraubereinsatz?
1. Der Einweiser steht mit dem Rücken gegen den Wind, beide Hände nach oben.
2. keine losen Gegenstände herumliegen lassen
3. bei Annäherung immer Augenkontakt zum Piloten
4. Annäherung an den Hubschrauber nur von vorne und in gebückter Haltung
5. nur von der Talseite an den Hubschrauber herangehen
6. lange Gegenstände waagrecht zum Hubschrauber tragen

Rucksackapotheke
Eine Rucksackapotheke gehört in jeden Rucksack. Nehmen Sie nur mit, womit Sie vertraut sind und umgehen können! Empfehlungen zum Inhalt siehe „Ausrüstungstipps von A bis Z" (siehe Seite 84).

Alpine Notfälle

Einerseits unterscheiden wir „normale" Notfälle wie etwa Weichteilverletzungen (Schürfung, Schnittverletzung, Rissquetschwunde), Brüche und Verrenkungen bis hin zu Schädelhirntraumata und schweren Verletzungen der Wirbelsäule, des Brustkorbs und der Eingeweide sowie internistische und neurologische Notfälle (Herzinfarkt, Schlaganfall, epileptischer Anfall). Andererseits gibt es „spezielle" Notfälle in alpiner Umgebung wie lokale und generelle Kälteschäden (Erfrierung, Unterkühlung), Hitzeschäden, Blitzunfall, Lawinenunfall, Schlangenbiss und (bei Klettertouren) Hängetrauma. Folgende Tipps sollten Sie für den Ernstfall kennen:

Weichteilverletzungen, Brüche und Verrenkungen

1. Für Kälteschutz sorgen. Auch die Kälte vom Boden bedenken sowie den Wind. (Hilfsmittel: Rettungsdecke, Biwaksack, Anorak)

2. Blutstillung – bei starker Blutung manuell Druck ausüben, indem man mit saugfähigem Material fest auf die Wunde drückt, evtl. Druckverband anlegen! Wichtig: Nicht abbinden! Als Druckpolster kann man einen zweiten Verband (zusammengerollt), ein zusammengefaltetes Halstuch oder ähnliches verwenden.

3. Untersuchung Motorik, Durchblutung und Sensibilität: Kann der Verunfallte die verletzte Extremität bewegen? Ist die verletzte Extremität warm? Füllt sich das Nagelbett nach einem Kneifen gleich wieder mit Blut? Spürt der Verunfallte Berührungen oder Kneifen?

4. Wundbedeckung bei offenen Verletzungen (wenn möglich mit steriler Wundauflage).

5. Schienung: Kann für den Ersthelfer schwierig sein; evtl. mit Wander- bzw. Skistöcken, geraden und glatten Ästen. Tipp: biegsame Schiene (SAM-Splint®).

6. Untersuchung auf Begleitverletzungen: Hier ist der Unfallhergang zu bedenken (Schädel? Wirbelsäule? Brustkorb? Bauch? Achtung: Sind auch keine Verletzungen sichtbar, besteht die Möglichkeit von inneren Blutungen. Bei möglichen Wirbelsäulenverletzungen Ruhigstellung und Kälteschutz des gesamten Körpers. Den Verunfallten „wie ein rohes Ei" behandeln. Bei Schädelverletzung Oberkörper hochlagern.

7. Zurückbringen in Normallage bzw. -stellung (Reposition) ist grundsätzlich nicht die Aufgabe der Ersthelferinnen und Ersthelfer.

8. Steckende Fremdkörper nicht entfernen.

Wichtig: Spätestens ab dem Punkt „Wundbedeckung" muss ärztliche Hilfe geholt werden.

Internistische und neurologische Notfälle

Brustengegefühl, Atemnot und/oder Kurzatmigkeit, Schwindelgefühl, Bewusstlosigkeit, Halbseitenlähmungen und Krampfanfälle erfordern üblicherweise die Alarmierung des Rettungsdienstes:

Notruf 144 (Rettung Österreich)
Alpinnotruf 140 (Österreich)
Notruf 110 (Deutschland) sowie
Euro-Notruf 112

Ist der Patient bei Bewusstsein, muss man auf eine ruhige Umgebung achten. Beruhigender Zuspruch und das Öffnen beengender Kleidungsstücke können helfen. Bei augenscheinlicher Bewusstlosigkeit steht an erster Stelle der Notfallcheck: Durch Ansprechen und sanftes Schütteln überprüfen, ob der Verletzte wirklich nicht bei Bewusstsein ist. Als nächstes rufen Sie um Hilfe und verständigen den Notruf. Darauf folgt das Freimachen der Atemwege: den Kopf überstrecken, indem eine Hand auf der Stirn liegt und mit der anderen das Kinn hochgezogen wird. Überprüfen Sie nicht länger als zehn Sekunden, ob Sie eine normale Atmung hören, sehen oder fühlen. Wenn der Erkrankte normal atmet, muss er in die stabile Seitenlage gedreht werden. Wenn keine (ausreichende) Atemtätigkeit festgestellt werden kann, handelt es sich um einen Atem-Kreislauf-Stillstand und es muss sofort mit der Wiederbelebung angefangen werden: 30 x Herzdruckmassage (Nicht zu zögerlich! Beim Erwachsenen den Brustkorb 5–6 cm eindrücken), danach zweimal Atemspende Mund-zu-Mund. Ein Notfallbeatmungstuch sollte in jedem Verbandspäckchen oder als Schlüsselanhänger mitgetragen werden. Wenn der Ersthelfer in der Maßnahme der Beatmung nicht trainiert ist bzw. Unbehagen besteht, kann die Atemspende weggelassen werden, wichtig und wesentlich ist die Herzdruckmassage – schnell und kräftig in der Mitte des Brustkorbs – 100 x pro Minute und ununterbrochen, bis der Erkrankte wieder normal atmet oder das Rettungsteam eingetroffen ist.

Kälteschäden

Bedenken Sie: Neben der Außentemperatur haben auch die Dauer, die Nässe und vor allem der Wind („wind-chill-index") einen wesentlichen Einfluss auf die Notfallsituation!

Lokale Erfrierung

Hier können drei Schweregrade unterschieden werden. Besonders gefährdet sind Gesicht, Nase, Ohren, Finger und Zehen. Bei einer erstgradigen Erfrierung kommt es zu Abkühlung, Blässe und stechenden Schmerzen in der betroffenen Hautregion. Bei Grad 2 zeigen sich Rötung, Schwellung, Blasenbildung. Letzteres ist jedoch im unterkühlten Zustand nicht feststellbar, sondern zeigt sich erst nach der Wiedererwärmung. Ebenso verhält es sich bei Grad 3 mit abgestorbenen Hautarealen. Diese sind erst nach Tagen bis Wochen erkennbar.

Therapie (beim ersten Auftreten von Beschwerden)
- windgeschützten Platz aufsuchen, eventuell umkehren
- wenn möglich, warme Getränke verabreichen
- Schuhe, nasse Socken und Handschuhe ausziehen
- Erwärmung des betroffenen Körperteils in der Achselhöhle oder Leistenbeuge (bei sich selbst oder beim Kameraden)
- betroffenen Körperteil nicht einreiben
- keine direkte Wärmeanwendung auf der Haut

Wenn die Beschwerden (Schmerzen, Gefühlsstörungen) zurückgehen, ist das Weitergehen möglich – jedoch mit erhöhter Vorsicht! Ein rasches Erreichen der nächstmöglichen Unterkunft ist auf alle Fälle anzustreben, denn bei lokalen Kälteschäden besteht auch die Gefahr einer allgemeinen Unterkühlung!

Wenn sich die Beschwerden nicht bessern, ist eine medizinische Behandlung notwendig. Ein sofortiger Abstieg oder zumindest das Aufsuchen der nächsten geschützten Unterkunft ist vonnöten. Beim Aufwärmen in der Hütte Vorsicht walten lassen – durch die gestörte

Wärmewahrnehmung kann es zu Zusatzschäden kommen. Nur lauwarmes Wasser verwenden (so warm, wie es die Schmerzen gerade noch zulassen) und nur dann, wenn eine neuerliche Erfrierung ausgeschlossen werden kann. Unterstützend helfen können die Zufuhr warmer, gezuckerter Getränke, Schutz vor weiterer Kälteeinwirkung, trockene Kleidung, Wärmen des erfrorenen Körperteils am eigenen oder fremden Körper, sterile, trockene Verbände, druckfreie Lagerung, keine Salben, keine Medikamente. Auch wenn die Beschwerden verschwinden, sollte eine ärztliche Untersuchung ehestmöglich erfolgen, um weitere Schäden zu verhindern.

Allgemeine Unterkühlung

Die Unterkühlung wird in fünf Stufen unterteilt. Bei einer erstgradigen Unterkühlung kommt es zu Muskelzittern und Schmerzen, der Betroffene ist erregt, vielleicht verwirrt, der Puls ist erhöht. Ab Stufe 2 zeigt sich ein getrübtes Bewusstsein, die Reaktionsfähigkeit ist verlangsamt, die Schmerzen lassen nach, die Muskeln werden steif, der Puls und die Atmung flach. Ab Stufe 3 folgt Bewusstlosigkeit, es zeigt sich keine Schmerzreaktion mehr, der Puls ist kaum mehr tastbar, bis es über das Scheintod-Stadium 4 mit minimalen Lebenszeichen zum Tod kommen kann.

Therapie bei allen Stadien

- Schutz vor weiterer Auskühlung durch effektive Isolierung, Windschutz, Wärmepackungen am Körper (nicht an Armen und Beinen bzw. nicht direkt auf der Haut), eventuell Wechseln nasser Kleidung
- Behandlung von Verletzungen
- Rettungskräfte alarmieren

- Bei erstgradiger Unterkühlung und klarem Bewusstsein warme, süße Getränke anbieten, Bewegung ist erlaubt.
- Bei zweitgradiger Unterkühlung wenig aktive und passive Bewegung, permanente Überwachung. Solange der Betroffene schlucken kann, sind warme Getränke erlaubt.
- Bei dritt- und viertgradiger Unterkühlung stabile Seitenlage bei Bewusstlosigkeit bzw. Wiederbelebungsmaßnahmen, wenn die betroffene Person nicht auf Ansprechen und sanftes Schütteln an der Schulter reagiert und nicht bzw. nicht normal atmet.

Hitzeschäden

Diese sind beim Wandern wesentlich seltener, aber nicht auszuschließen. Zu bedenken ist zudem, dass die UV-Belastung um 4 % je 300 Höhenmeter zunimmt – somit kann es auch bei bewölktem Wetter bzw. bei Nebel zu Sonnenschäden kommen. Daher auf ausreichenden Sonnenschutz achten!

Zur **Hitzeerschöpfung** als Notfallsituation kann es kommen, wenn ein ausgeprägter Flüssigkeitsverlust (z. B. durch Schwitzen, vermehrtes Atmen) und eine zu geringe Flüssigkeitszufuhr zusammentreffen – daher beim Wandern ausreichend trinken! Nicht auf das Durstgefühl warten, denn das kommt erst verzögert! Besser die Harnfarbe ansehen – der Harn sollte wasserhell sein! Bei Beschwerden wie Schwindel, Kopfschmerzen, Schwäche, Sehstörungen oder Herzrasen sollten Sie den Betroffenen umgehend in den Schatten bewegen, wenn möglich kühlende Umschläge anlegen und reichlich Flüssigkeit anbieten. Bei einem Kollaps Beine hoch lagern, beengende Kleidung öffnen. Ein **Sonnenstich** (heißer Kopf mit Kopf- und Nackenschmerzen, Übelkeit, Schwindel) oder gar ein **Hitzschlag** (als schwerste Störung der Wärmeregulation mit zusätzlichen Symptomen wie Verwirrtheit,

Fieber, Bewusstseinsstörung bis hin zu Krampfanfällen und/oder Koma) sollten beim Wandern vermieden werden. Dies würde jedenfalls einen Rettungseinsatz notwendig machen, zwischenzeitlich sollten Therapiemaßnahmen durchgeführt werden: bei Bewusstlosigkeit stabile Seitenlage und engmaschige Überwachung der Atmung.

Blitzunfall

Für Bergwandernde stellt ein Blitzschlag eine nicht zu unterschätzende Gefahr dar. Bei gebotener Vorsicht sind Blitzunfälle aber meistens vermeidbar. Wichtig: Bei einem drohenden Gewitter sollte unverzüglich der Abstieg in Angriff genommen werden! Die Zeit zwischen Blitz und Donner geteilt durch drei ergibt den Abstand des Gewitters in Kilometern (9 Sekunden = 3 Kilometer). Ein direkter Blitzschlag im Freien ist oft tödlich. Außerdem kann der Wanderer von einem Überschlag von einem Baum oder anderer Objekte in der Nähe, durch Berühren eines getroffenen Gegenstandes (Klettersteige!) oder durch Stromausbreitung am Boden verletzt werden. Zu bedenken sind zudem stumpfe Verletzungen durch die Druckwelle des Blitzes oder Muskelkrämpfe durch Stromeinwirkung mit der möglichen Gefahr eines Absturzes. Es besteht das Risiko einer Vielzahl an Verletzungen, Verbrennungen und neurologischen Ausfällen.

Notfallcheck

Bewusstsein – Atmung – Kreislauf und sofortiger Beginn der Wiederbelebung bei Herz-Kreislauf-Stillstand. Jedenfalls Alarmierung der Rettungskräfte, denn jedes Blitzopfer, unabhängig von der Schwere der Verletzungen, muss im Krankenhaus überwacht werden. Das äußere Verletzungsmuster korreliert nicht zwangsläufig mit inneren Verletzungen.

Kreuzotter

Schlangenbiss

Schlangenbisse sind selten, denn Schlangen flüchten meistens. Vergiftungserscheinungen sind abhängig von der Art der Schlange, der Art des Giftes, der Giftmenge und vom Allgemeinzustand und Alter des Opfers. Am gefährlichsten ist ein Schlangenbiss für ältere Personen mit chronischen Erkrankungen und für Kinder. Viele der Betroffenen zeigen keine Symptome („trockene Bisse") und nur 10 % schwere Vergiftungserscheinungen (weniger Todesfälle als durch Bienen- bzw. Wespenstiche). Vorsicht beim Klettern in schottrigem, mit Gras durchsetztem Gelände: Gutes Schuhwerk und lange Hosen bieten ausreichend Schutz. Wandern mit festem Schritt ist vorteilhaft, nicht „blind" in Felshöhlen, unter oder hinter Steine, unter Baumstämme oder ins Gebüsch greifen. Achtung auch beim Klettern oder beim Beeren Pflücken!
Im Alpenraum gibt es nur mehr eine sehr geringe Anzahl an Giftschlangen, da ihr Lebensraum immer stärker beschnitten wird. Fast

alle europäischen Arten sind vom Aussterben bedroht. Ein Beispiel dafür ist die in Österreich beinahe verschollene Hornotter. Die am weitesten verbreitete heimische Giftschlange ist die Kreuzotter (Vipera berus). Sie bewohnt ganz Europa (auch die Alpen), liebt kühle, feuchte Lebensräume, ist meistens tagaktiv, lebt am Boden, kann aber auch klettern und ist selten länger als 70 cm. Ihre Färbung und Zeichnung sind variabel, konstant ist ein dunkles Zickzackband am Rücken. Der Biss ist sehr schmerzhaft. Es tritt eine starke Schwellung mit umgebender blauroter Verfärbung auf, es kann zu Symptomen wie Übelkeit, Erbrechen, Kopfschmerzen, Blutdruckabfall bis hin zum Kollaps kommen, sehr selten tritt eine Atemlähmung auf.

Therapie

Nicht in Panik geraten, den Verletzten beruhigen. Beengende, abschnürende Ringe, Ketten, Uhren abnehmen, den betroffenen Körperteil (Bissstelle) ruhigstellen, keine Bandage, kein Aussaugen, kein Ausschneiden der Wunde, keinesfalls abbinden! Auf reichliche Flüssigkeitszufuhr achten. Bewusstsein, Atmung und Kreislauf überprüfen – bei Kreislaufbeschwerden Basismaßnahmen vornehmen:

- Lagerung: Lagern Sie Erkrankte immer so, wie es ihnen am angenehmsten ist bzw. sie am wenigsten Schmerzen haben.
- frische Luft: Öffnen Sie beengende Kleidungsstücke und achten Sie darauf, dass verletzte bzw. erkrankte Personen langsam und ruhig atmen.
- Wärme: Decken Sie Erkrankte zu, wenn es kalt bzw. windig ist.
- psychische Betreuung: Beruhigen Sie Verletzte und sprechen Sie mit ihnen.

Die richtige Ernährung beim Wandern

Ob Sie nach den ersten Tagen immer noch lustvoll dahinmarschieren und morgens voller Freude aufwachen oder ob die Wanderung zur Quälerei wird, weil Sie sich jeden Tag schwächer und abgeschlagener fühlen, hängt auch von Ihrer Ernährung ab. Alles über die optimale Balance aus Kohlenhydraten, Eiweiß und Fett, den Wert von Zwischenmahlzeiten und die Extraportion Energie im Rucksack:

Ein Interview mit dem Diätologen und Sporternährungsexperten
Mabon Wunder

Was braucht ein Körper am Morgen, vor dem Start einer Wander- oder Bergtour?

Der Körper braucht das Richtige zum richtigen Zeitpunkt. Und am Morgen vor der Wanderung braucht man vor allem Energie! Es sind Kohlenhydrate, die uns diese primär zur Verfügung stellen. Eiweiße dagegen sind für die Struktur und Reparatur unseres Körpers zuständig. Am Morgen ist also ein kohlenhydratreiches Frühstück wie z. B. ein Müsli mit Haferflocken und Früchten zielführender als eine Pfanne Spiegeleier. Später, nach der Anstrengung, wenn Sie sich erholen und für den nächsten Tag regenerieren möchten, ist Eiweiß gefragt. Dann braucht Ihr Körper Reparaturbausteine in Form von winzigen Eiweißteilchen bzw. Aminosäuren. Am Ende des Tages rate ich Ihnen daher zu einem eiweißreichen Abendessen, egal ob pflanzlich oder tierisch.

Was sollten Vegetarier bzw. Veganer bei ihrer Ernährung im Zusammenhang mit Wandern und Sport beachten?

Sie sollten sicherstellen, dass ihnen bei einer mehrtägigen Wanderung ausreichend alternative Eiweißquellen zur Verfügung stehen. Bei Veganern wären dies z. B. Hülsenfrüchte in Form von Linsen- oder Bohnengerichten und bei Vegetariern klassisch Eier oder Milchprodukte. Wenn nötig, nehmen Sie z. B. Käse, Aufstriche auf Basis von Hülsenfrüchten, etwas Räuchertofu oder ganz einfach Eiweißriegel bzw. -pulver im Rucksack mit. Gerade in Ländern oder Regionen, wo bevorzugt Fleisch aufgetischt wird, langen Menschen, die einen vegetarischen oder veganen Ernährungsstil pflegen, zwangsläufig bei den Beilagen zu – und übersehen dabei häufig das Eiweiß. Das sollte nicht passieren.

Was tun, um ein Energiedefizit rasch auszugleichen?

Energieriegel sind dafür eine sehr praktische Möglichkeit. Daher empfehle ich, stets eine Extraportion Energie für alle Fälle im Rucksack mitzuführen. Stellen Sie sich vor, Sie wären am Ende einer anstrengenden Wanderung noch mit einer Verzögerung oder einem unerwarteten Hindernis konfrontiert. Eine Stunde Extrapower kann dann zum entscheidenden Faktor werden. Alternativ zum Energieriegel helfen auch ein paar Trockenfrüchte, ein Päckchen Fruchtsaft oder etwas Traubenzucker.

Fett on Track: Wie fettreich darf man sich auf einer Tour ernähren?

Fettes Essen im Alltag war lange Zeit verpönt. Durch die ernährungswissenschaftlichen Erkenntnisse der letzten Jahre ändert sich dies allmählich wieder. Auf dem Berg hatte Fett allerdings stets ein gutes Image, denn es hat den entscheidenden Vorteil, dass es mehr als doppelt so viel Energie enthält wie Kohlenhydrate. Genau hier liegt auch der Ursprung der traditionell fettigen Bergsteiger- oder Jausenwürste. Auf einer kräftezehrenden Tour ist fettreiches Essen daher eine klare Empfehlung.

Wie groß ist nun der Energiebedarf auf einer Wanderung?

Der tatsächliche Energiebedarf hängt natürlich in erster Linie vom Anstrengungsgrad ab. Viele wissen jedoch nicht, dass man umso mehr Energie verbraucht, je höher man sich befindet. Abhängig von Höhe und Temperatur kann der Energiebedarf bei gleicher Anstrengung um bis zu 50 Prozent zunehmen. Wundern Sie sich also nicht, wenn Sie auf anspruchsvollen Wanderungen in großen Höhenlagen hungriger sind, als Sie es sonst von sich kennen. Um den Bedarf zu decken, muss es aber nicht immer Fleisch oder Wurst sein. Nüsse sind z. B. ebenso eine hervorragende Energiequelle, die man im Rucksack mitnehmen kann. Und wenn die verfügbaren Speisen Sie nicht ausreichend sättigen, dann steigern Sie Ihre Kalorienmenge einfach mit einer Extraportion Fett in Form von Butter oder Öl.

Wie sinnvoll sind Zwischenmahlzeiten am Berg?

Auch wenn Low-Carb, Dinner-Cancelling oder Intervallfasten im Trend liegen – beim Wandern gelten andere Regeln als im

Alltag zu Hause. Bei anhaltender intensiver Belastung verbrennt der Körper die Kohlenhydrate im Blut relativ rasch. Fühlt man sich kraftlos und ist die nächste Raststation noch weit, erhöht sich das Risiko zu stolpern und sich zu verletzen. Kippt man gar in eine richtige Unterzuckerung, erholt man sich meist nicht so schnell davon. Es kommt natürlich darauf an, wie lange Sie insgesamt unterwegs sind. Wenn Sie spüren, dass die Kraft nachlässt, ist es definitiv Zeit für eine Pause und einen kohlenhydratreichen bzw. süßen Snack wie etwa einen Apfel, eine Banane oder ein Stück Brot.

Worauf ist bei der Zunahme von Flüssigkeit zu achten?

Trinken ist das Um und Auf! Ohne Wasser geht bei Ausdauerbetätigungen gar nichts – also auch beim Wandern nicht. Warten Sie mit dem Trinken nicht, bis Sie durstig sind, denn Durst ist schon ein deutliches Zeichen von Dehydration. Nehmen Sie regelmäßig über den ganzen Tag verteilt Flüssigkeit zu sich – je anstrengender die Tour und je heißer das Klima ist, desto mehr sollten Sie trinken. In der Regel sind das mindestens drei Liter Flüssigkeit pro Tag, oft noch mehr. Bei einem hohen Anstrengungsgrad, der Sie ordentlich ins Schwitzen bringt, sind bis zu 750 ml pro Stunde durchaus ratsam. Sollten Sie aufgrund eingeschränkter Packmöglichkeiten wenig Flüssigkeit mitnehmen können, dann trinken Sie am besten noch reichlich, kurz bevor Sie losstarten und nutzen Sie unterwegs jede Auffüllmöglichkeit. Ein Trinkschlauch kann Ihnen dabei helfen, sich regelmäßig Wasser zuzuführen, da Sie auf diese Weise nicht jedes Mal Ihre Trinkflasche auspacken müssen.

Was ist in Bezug auf Elektrolyte zu beachten?

Der entscheidende Elektrolytbestandteil bei körperlicher Anstrengung ist Natrium. Dieses geht dem Körper verloren, sobald Sie ins Schwitzen kommen. Aus diesem Grund schmeckt Schweiß auch so salzig – dieses Salz ist, chemisch gesehen, Natriumchlorid, also Kochsalz. Woran können Sie nun einen Natriummangel erkennen? Die Muskeln werden müde und/oder es kommt zu Krämpfen. Natrium ist auch für die Schaltvorgänge unserer Nervenbahnen zuständig. Fehlt es Ihrem Körper, steigt Ihr Sturz- und Verletzungsrisiko. Auch Muskelkrämpfe beim Sport entstehen häufiger durch Natrium- als durch Magnesiummangel. Diesen Verlust können Sie ganz einfach durch die Zufuhr von Speisesalz ausgleichen. Mein Tipp: Keep it simple! Eine Prise Salz zu jeder Füllung einer Trinkflasche schafft im Nu ein isotonisches Sportgetränk, das in den allermeisten Fällen bereits einem Mangel vorbeugt.

Wie kann man essenstechnisch der Höhenkrankheit vorbeugen?

Höhenkrankheit bedeutet Übelkeit und Kopfschmerzen, begleitet von Appetitlosigkeit. Aber wenn Sie buchstäblich nichts mehr „runterbekommen", kann dies schnell zu einer weiteren Entkräftung führen. In solch einer Situation ist man über jede Extrareserve froh, die der Körper zuvor gespeichert hat. Wenn Sie also wissen, dass Sie über eine Höhe von 3.000 Meter wandern werden, lassen Sie im Vorfeld besser keine Mahlzeit ausfallen und essen Sie immer, bis Sie wirklich satt sind. Sollten sich mit zunehmender Höhe beginnende Kopfschmerzen bemerkbar machen, dann versuchen Sie diese mit erhöhter Trinkmenge (drei bis vier Liter) eines mit Kohlenhydraten angereicherten Getränks – wie Tee mit Zitrone, Honig und einer Prise Salz – abzufangen. Dehydrierung verschlimmert die Symptome der Höhenkrankheit und vermindert den Appetit noch zusätzlich.

Tipps für die richtige Wanderkost

- Essen Sie morgens ein nahrhaftes Müsli mit Früchten und evtl. etwas Honig.
- Nehmen Sie über den Vormittag bei Bedarf ein bis zwei Stücke Obst zu sich.
- Essen Sie mittags eine sättigende Mahlzeit mit Brot, Gemüse und etwas Eiweiß in Form von Käse, Wurst, Ei, Tofu, Linsen-/Bohnenaufstrich oder Hummus.
- Führen Sie Ihrem Körper während oder nach der schwierigsten Etappe einen Energieriegel oder ein paar Trockenfrüchte zu.
- Genießen Sie am Tagesende die Hauptmahlzeit in Form eines Kartoffel-, Getreide- oder Nudelgerichts mit Gemüse und viel Eiweiß in Form von Fleisch, Fisch, Eiern oder Hülsenfrüchten. Bei hohem Anstrengungsgrad auch mit einer Extraportion Butter oder einem zusätzlichen Löffel Öl.
- Vergessen Sie nicht, über den gesamten Tag regelmäßig zu trinken. Ihr Körper benötigt mindestens drei Liter Flüssigkeit pro Wandertag.

Yoga für Wandernde

Gastbeitrag von **Gudi Sonderegger,** *Yoga-Trainerin*

Kennen Sie das? Es ist schon Nachmittag, als Sie bemerken, dass Sie bereits einige Stunden auf dem Weg sind. Sie greifen unbewusst an Ihre Schulter und spüren, wie sich die Muskeln im Nacken- und Rückenbereich vom Rucksacktragen angespannt haben. Vielleicht zieht es auch im Knie oder es zwickt sonst noch irgendwo. Das ist der Teil beim Wandern, bei dem man sich im Stillen fragt, ob es nicht eine einfache, aber wirkungsvolle Methode gibt, die Verspannungen und Schmerzen im Körper zu heilen bzw. ihnen vorzubeugen. – Ja, es gibt diese Methode und sie heißt Yoga! Zudem hilft sie auch, wenn die Luft mal knapp wird, Müdigkeit auftaucht oder man sich ein lebensfrohes Dasein wünscht. Wie man Yoga am besten vor, während und nach dem Wandern anwenden kann und die Hände dabei schön sauber bleiben, möchte ich Ihnen hier erklären.

MORGENS –
Mit einer geschmeidigen Wirbelsäule raus aus den Federn!

BÄR: Aus der Rückenlage die Arme und Beine aktiv zur Decke strecken. Nehmen Sie die Vorstellung mit, wie ein Bär wohlig seine Tatzen der Sonne entgegenzustrecken, und atmen Sie dabei tief in den Bauch. In dieser Position die Fuß- und Handgelenke kreisen.

Wirkung: Die Gliedmaßen und die Gelenke, die uns durch den Tag tragen, werden durchgestreckt und „geschmiert".

KROKODIL: In der Rückenlage die Beine aufstellen und die Arme seitlich auf Schulterhöhe ausbreiten. Die Beine zum Brustkorb heranziehen und die angewinkelten Beine auf eine Seite klappen. Achten Sie darauf, dass beide Schultern am Boden bleiben. Nach fünf tiefen Atemzügen die Seite wechseln. Variante: Beide Knie in der Drehung weiter nach oben oder unten schieben, so verlagert sich die Drehung in der Wirbelsäule.
Wirkung: Angenehme Bandscheibenregeneration durch sanfte Drehung vom Kopf bis zum Steiss.

KATZE: Für diese geschmeidige Wirbelsäulenbewegung starten Sie im Vierfüßlerstand und atmen tief ein. Mit der nächsten Ausatmung das Steißbein einrollen, einen Katzenbuckel machen und den Nabel aktiv einziehen. Mit der Einatmung drehen Sie den Bogen um, indem Sie die Sitzbeinhöcker anheben, die Körpervorderseite strecken und das Herz zwischen den Oberarmen nach vorne und oben ziehen. Fünf bis zehn Wiederholungen.
Wirkung: Flexibilität und Stärkung der Wirbelsäule.

AUF GEHT'S –
Bevor wir den Rucksack schultern (vor dem Weggehen)

SCHWINGENDE DREHUNGEN: Die Beine stehen hüftweit und die Arme schwingen zuerst locker und dann immer kräftiger um den Oberkörper. Ausatmen, wenn die Arme zur Seite schwingen, Einatmen beim Zurückschwingen zur Mitte.
Wirkung: Das Immunsystem wird gestärkt, die Verdauung unterstützt und der Körper von Kopf bis Fuß gelockert.

FLIEGENDER ADLER: Ausgangsposition ist ein hüftweiter Stand, mit seitlich hängenden Armen. Mit einer tiefen Einatmung in die Knie gehen und die Arme seitlich über den Kopf anheben. Mit einer langen Ausatmung die Arme seitlich absenken und währenddessen kraftvoll auf die Zehenspitzen hochdrücken. Die Vorstellung eines fliegenden Adlers macht die Übung wirkungsvoller und unterhaltsamer.
Wirkung: Schafft Zugang zu mehr Atemvolumen, lockert Verspannungen im Nacken und Schultergürtel und besänftigt nebenbei noch die Oberschenkelmuskulatur.

BRUSTKORBÖFFNER: Im Stehen die Hände nach vorne ausstrecken und mit der Einatmung eine ausladende Schwimmbewegung zur Seite machen. Mit der Ausatmung die Hände unter den Achseln wieder nach vorne bringen.
Wirkung: Diese Übung öffnet die Atemräume und mobilisiert die Schultern.

UNTERTAGS (unterwegs) – im Stehen, Gehen und Sitzen

Im STEHEN:

HELD: Mit dem linken Bein einen großen Ausfallschritt nach hinten machen, die Ferse ist nun in der Luft oder die ganze Fußsohle am Boden mit den Zehenspitzen seitlich etwas ausgedreht. Das vordere Knie so weit anbeugen, bis es direkt über dem Knöchel ist. Setzen Sie sich tief in diesen Ausfallschritt hinein. Schieben Sie die linke Hüfte nach vorne und rollen Sie das Steißbein ein. Nun die Arme schulterbreit zum Himmel strecken, die Handflächen schauen sich dabei an. Fünf bis zehn Atemzüge in dieser kraftvollen Haltung bleiben und in Gedanken wiederholen: „Mein Körper ist stark und gut in Form." Dann die Arme seitlich auf Schulterhöhe absenken, die Schulterblätter ziehen am Rücken nach unten, der

Hals wächst aus dem Schultergürtel etwas heraus und die Hände ziehen nach hinten. So werden Herz und Lunge gekräftigt. Zum Beenden der Übung werden die Arme abgesenkt und das hintere Bein steigt nach vorne. Die Seite wechseln.
Wirkung: Ein Alleskönner – kräftigt Herz und Lunge, reguliert die Verdauungsorgane, löst Schulterverspannungen und dehnt kräftig die Beine.

TÄNZER: Stehend das Gewicht auf das rechte Bein verlagern und durch die Fußsohle tief in die Erde wurzeln. Das linke Bein anheben, mit der linken Hand die linke Ferse zum Gesäß bringen. Achten Sie bei dieser Oberschenkeldehnung darauf, dass beide Oberschenkel parallel bleiben und das Knie zum Boden zieht. Dann mit dem Oberkörper nach vorne lehnen, das linke angewinkelte Bein in der Luft fest in die Hand drücken und nach hinten und oben ziehen. So wird die Schulter mobilisiert und die Brustmuskulatur gestärkt. Die freie rechte Hand zieht für die Balance ausgestreckt nach vorne. Viel Freude beim Wackeln! Variante: Durch Abstützen an einer Wand oder einem Baum wird die Übung etwas einfacher.
Wirkung: Die Trittsicherheit wird durch dieses Gleichgewichtstraining gefördert, während der Oberschenkel gedehnt wird. Die Übung

lässt Spannungen in den Schultern schmelzen, gibt den Hüften und dem Becken mehr Bewegungsfreiheit und unterstützt zusätzlich den unteren Rücken.

Im GEHEN:

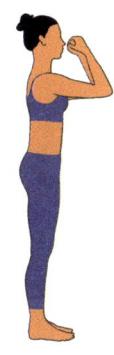

CHI-ATMUNG: Die Luft kräftig in drei Schüben durch die Nase einziehen. Dabei beide Hände zu starken Fäusten ballen und die Unterarme auf drei Etappen kraftvoll zur Schulter anbeugen. Einen Takt Pause machen. Den Atem stoßweise über den Mund in drei Schüben ausblasen. Dabei die Arme in diesen drei Takten kraftvoll zum Boden strecken, die Handflächen öffnen, die Finger lang zum Boden strecken. Ein Takt bleibt wieder für die Pause. Also: Ein-Ein-Ein-Ruhe – Aus-Aus-Aus-Ruhe. 10-mal hintereinander, kurz Pause machen und wiederholen.

Variante: Kann auch im Stehen oder Sitzen gemacht werden.

Wirkung: Gibt frischen Elan und lässt aufkommende Müdigkeit verschwinden. Klingt wie eine Lokomotive, macht gute Laune und sorgt für ein aktives, lebensfrohes Dasein.

Im SITZEN:

DREHSITZ: Am Boden sitzend das rechte Bein aufgestellt über das linke ausgestreckte Bein geben. Die linke Hand auf die Außenseite des aufgestellten Oberschenkels geben und mit der rechten Hand am Boden hinten abstützen. Einatmend von den Sitzbeinhöckern bis zum Scheitel lang werden und mit der Ausatmung Wirbel für Wirbel nach rechts drehen. Locker in der Drehung der Atmung Raum geben und nach ein paar Atemzügen etwas mehr nachdrehen. Danach auf die andere Seite wechseln. Variante: Auf einem Stuhl oder in der Natur auf einem Stein sitzen, die linke Hand auf der Außenseite des rechten Oberschenkels aufstützen, die rechte Hand hinten über die Sessellehne geben (wenn vorhanden) und so in die Drehung gehen. Mit der Atmung wie vorhin beschrieben in die Drehung gehen. **Wirkung:** Bandscheibenregeneration und Detox für die inneren Organe.

VORWÄRTSBEUGE: Mit natürlich aufgerichtetem Oberkörper und ausgestreckten Beinen am Boden sitzen. Den Oberkörper vom Gesäß bis zum Scheitel lang werden lassen. Aus den Hüften nach vorne neigen, was den unteren Rücken angenehm streckt. Dann den oberen Rücken

rund werden und den Kopf locker hängen lassen. Falls zu wenig Dehnung in den Beinen und im Rücken spürbar ist, die Beine mehr strecken und die Zehen heranziehen. Ist die Dehnung zu intensiv, beugen Sie die Knie etwas mehr an. Variante: Auf einem Stuhl sitzen und aus der Hüfte nach vorne und unten beugen. Dabei den Oberkörper und Kopf hängen lassen.
Wirkung: Entspannt die gesamte Körperrückseite ausgehend vom Nacken, über die Schultern und den Rücken bis zum Gesäß und den Beinen.

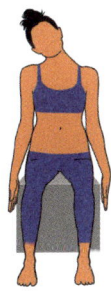

SEITBEUGE MIT NACKENDEHNUNG: Natürlich aufgerichtet auf einem Stuhl sitzen und den Schultergürtel auf dem Rumpf ablegen. Mit der Ausatmung das rechte Ohr zur rechten Schulter kippen. Den Oberkörper zur rechten Seite beugen und die hängenden Arme angenehm schwer werden lassen. Bleiben Sie hier einige Atemzüge und lassen Sie die Nackenmuskulatur weich werden. Seitenwechsel.
Wirkung: Entspannt den Nacken und die Schultermuskulatur.

ABENDS – Entlasten

FÜSSE HOCH! Auf dem Bett oder der Matte liegend, die Beine in die Höhe strecken bzw. wenn vorhanden, an der Wand hochlegen. Die Schulterblätter Richtung Wirbelsäule und dann Richtung Gesäß schieben, um die Brustmuskulatur zu weiten. Die Hände auf den Bauch legen und für einige Minuten tief und entspannt atmen.
Wirkung: Entstaut und regeneriert die Beine.

KINDESHALTUNG: Im Fersensitz die Knie leicht öffnen, den Oberkörper aus den Hüften heraus vorbeugen und den Kopf zum Boden sinken lassen. Die Arme kommen neben dem Körper entspannt zum Liegen. Atmen Sie ruhig und tief für etwa zwei Minuten. Variante: Die Handrücken als Kissen unter die Stirn geben oder die Hände nach vorne ausgestreckt auf dem Boden ablegen. Eine Decke oder Jacke zusammengerollt zwischen die Fersen und das Gesäß schieben.
Wirkung: Entlastet die Bandscheiben und aktiviert den Lymphfluss. Während Sie angenehm zur Ruhe kommen, regeneriert die Übung den ganzen Körper von selbst.

Meditationsübungen für Draußen

Für mich kam der Kontakt mit dem Meditieren tatsächlich über das Wandern. Als ich 2006 meinen ersten buddhistischen Meditationskurs besuchte, bemerkte ich staunend, dass mir vieles beim Meditieren überhaupt nicht fremd war. Denn schon lange davor hatte ich auf Wanderungen allein in der Natur einige Meditationserlebnisse genossen, ohne damals allerdings eine konkrete Bezeichnung dafür gehabt zu haben. Heute weiß ich: Die Freude, das Staunen, das Entdecken und das Erleben von Weite, Stille und Einsicht beim Wandern sind eine direkte Erfahrung des Wegs der Meditation.

Wandern ist allerdings nicht automatisch Meditation. Beim Gehen über seine Probleme nachzudenken, Pläne zu schmieden oder mit Freundinnen und Freunden über verschiedenste Dinge zu tratschen – das alles funktioniert ganz wunderbar, hat aber nichts mit Meditieren zu tun. Das Wandern kann das Meditieren allerdings perfekt unterstützen.

Was ist Meditation?

Meditation bezeichnet eine vor allem in Asien vor über 2.000 Jahren entstandene und seither ständig weiterentwickelte „Wissenschaft zur Schulung des Geistes". Verschiedene Varianten von Meditation werden in unterschiedlichen religiösen Traditionen praktiziert. Meditation ist ein Sammelbegriff für eine Vielzahl von Achtsamkeits-, Konzentrations- sowie ähnlichen Übungen, mit denen man systematisch den eigenen Geist schult.

Das Revolutionäre und Wertvolle der Meditation ist für mich, durch sie eine jahrtausendelang erprobte und verfeinerte Methode zur Entwicklung meines Geistes zur Verfügung zu haben. Meditation ist ein sehr wirkungsvolles Werkzeug, um sich selbst kennenzulernen und an sich zu arbeiten – mit dem Ziel, gelassener, liebevoller, glücklicher und weiser zu werden. Wissenschaftliche Untersuchungen zeigen, dass wir die Hälfte unserer bewussten Zeit mit unseren Gedanken nicht im Hier und Jetzt sind. Das heißt: Wir laufen die überwiegende Zeit auf „Automatikbetrieb", gesteuert von unserem Unterbewusstsein, das mit instinktiven Reaktionen und Prägungen aus der frühen Kindheit agiert.

Nur wenn wir unser Tun mit Achtsamkeit bestreiten, sind wir wirklich die Gestalter unseres Lebens. Ansonsten werden wir „gelebt" und verpassen das Leben! Achtsamkeit auf den jetzigen Moment ist aber nichts Selbstverständliches. Wie bei allen Dingen im Leben braucht es dazu ein geduldiges, neugieriges und stetiges Üben. Wer meditiert, lädt seinen Geist zunächst ein, sich zu entspannen, loszulassen vom Diktat der Gedanken und Gefühle und damit ganz im gegenwärtigen Moment – im Hier und Jetzt – anzukommen. Meditation verbessert die Konzentration, erhöht den Fokus und die Klar-

Meditation im Lorbeerwald auf Madeira

heit des Bewusstseins, sorgt für friedvollere Gedanken und lässt uns somit auch Erlebnisse auf einer Wanderung intensiver und klarer wahrnehmen. Ein ausgeglichener Geist ist im Beruf, im Alltag und in der Freizeit stressresistenter und aufnahmefähiger. Meditation findet nicht nur zu Hause auf einem Kissen statt, sondern kann sehr gut auch unterwegs auf einer Wanderung geübt werden. Der Rhythmus des Gehens bietet dafür ideale Bedingungen. Die uns umgebende Natur hat einen wohltuenden Einfluss auf unseren Geist, sie macht ihn ruhig und friedvoll. Daher rührt auch dieses Gefühl von Ruhe, Ausgeglichenheit und Zufriedenheit nach einer Wanderung, das wir alle kennen und schätzen.

Mit einigen einfachen, aber wirkungsvollen Übungen möchte ich aufzeigen, wie sich einfache Meditationsübungen sehr gut beim Wandern praktizieren lassen und wie jede Wanderung auf diese Weise als Entwicklungsweg des eigenen Geistes genutzt werden kann.

Übungen, die einen ersten „Geschmack" von Meditation vermitteln

Im Schweigen losgehen

Bei Wanderungen mit anderen wird oft gerade am Beginn viel geredet, da es noch nicht so anstrengend und genug Puste für das Plaudern vorhanden ist. Aber gerade die ersten Minuten sind wertvoll, um in sich hineinzuhören und den für die Tagesverfassung passenden Gehrhythmus zu finden.

Langsam losgehen

Dies dient zum Aufwärmen der Muskeln und Gelenke und bringt das Herz-Kreislauf-System in einen optimalen Rhythmus. Jeder Mensch hat seinen eigenen Rhythmus und selbst dieser variiert von Tag zu Tag. Das langsame Losgehen ermöglicht, weite Distanzen zu bewältigen, später das Tempo etwas zu erhöhen und gleichzeitig ausreichend Sicherheitsreserven zu haben.

Gehrhythmus zusammen mit dem Atmen finden

Das Ziel ist es, einen runden und effizienten Gehstil zu finden und je nach Steilheit des Geländes gilt es, das Gehtempo und somit die körperliche Belastung anzupassen. Je bewusster die Atmung damit synchronisiert wird, desto runder und ökonomischer ist der Gehrhythmus.

Bewusste Schweigezeiten während des Tages

Beim Gehen entstehen wunderbare Gespräche. Allerdings „ziehen" diese unsere Aufmerksamkeit oft zu stark weg vom Erleben der schönen Landschaft um uns herum und unserem eigenen inneren Befinden. Wir latschen dann achtlos an den schönsten Ausblicken und Blumen vorbei oder bemerken gar nicht, dass wir etwa durstig sind. Es ist daher sinnvoll, unterwegs immer wieder einige Minuten oder auch längere Gesprächspausen einzulegen, um sich achtsam in Stille ganz bewusst dem aktiven Wahrnehmen der Landschaft, des eigenen Körpers und des Geistes zu widmen. „Was höre, rieche, sehe, spüre und fühle ich jetzt gerade?"

> **MEINE ERFAHRUNG:**
> **Einige unserer Wanderguides regen unterwegs zu einem längeren aufmerksamen Gehen in Stille an. Dabei bemerken viele Gäste um wieviel intensiver die Naturerlebnisse werden und finden dieses gemeinsame Gehen im Schweigen als ein besonderes Highlight einer Tour.**

Meditationsübungen für unterwegs

Hinweis: Ich wechsle nun vom bisher verwendeten „Sie" auf das „Du". Meditationsanweisungen sollen nahe und persönlich sein und das funktioniert per „Du" einfach besser.

Meditation auf den Atem

Die Basis fast aller Meditationsübungen bildet die Betrachtung des Atems. Der Atem ist das einfachste und immer verfügbare Meditationsobjekt.

- Stelle Dich dazu breitbeinig stabil auf oder sitze bequem, aber mit möglichst aufrechtem Oberkörper.
- Atme vorzugsweise durch die Nase aus und ein. Nimm am Beginn bewusst einige ganz tiefe Atemzüge.
- Eventuell auch nochmals die Steh- oder Sitzposition korrigieren.
- Bei jedem Ausatmen noch vorhandene Anspannungen in den Schultern, im Nacken und Rücken und anderswo im Körper bewusst loslassen.
- Suche Dir einen Teilbereich des Atems als Meditationsobjekt, zum Beispiel das Spüren des Atems in den Nasenflügeln oder das Heben und Senken des Brustkorbs oder der Bauchdecke. Zur Unterstützung der Konzentration kannst Du am Beginn auch mit jedem Atemzug von 1 bis 8 zählen und dann wieder bei 1 beginnen.
- Bleibe dann die nächsten ca. 3–5 Minuten bei diesem Objekt, beziehungsweise kehre bei Ablenkungen durch Gedanken und innere Geschichten immer wieder zu diesem Bereich zurück.
- Im Laufe der Meditation wird Dein Atem ruhiger und Deine Beobachtung des gewählten Bereiches muss entsprechend feiner werden. Bleibe neugierig und untersuche ganz genau:

Wie fühlt sich das genau an? Wo spüre ich den Atem? Gibt es einen Unterschied zwischen Ein- und Ausatmen? Ändert sich mein Atem im Laufe der Meditation? Wie genau hat er sich verändert?
- Wenn Gedanken Dich von der Beobachtung weggezogen haben, verurteile Dich nicht dafür. Das ist ganz normal. Jede Meditation besteht zu Beginn hauptsächlich aus einem immer und immer wieder Zurückkehren aus abschweifenden Gedanken – wieder hin zum gewählten Meditationsobjekt.

HINWEIS:

Eine kurze Atemmeditation ist gut als Vorbereitung für alle anderen Meditationsarten!

Gehmeditation

Die Gehmeditation ist eine sehr wirkungsvolle Methode innerlich zur Ruhe zu kommen, sich und die Natur intensiv wahrzunehmen und Kraft zu schöpfen. Hier ist wirklich der Weg das Ziel: Wir gehen, ohne irgendwohin kommen zu wollen. Auch der historische Buddha hat schon die Gehmeditation gelehrt:

> „Jeder wachsame Schritt, jede achtsame Handlung ist der direkte Weg zum Erwachen. Wo immer du gehst, da bist du."
>
> Buddha

Das Prinzip ist ganz einfach

Man sucht sich eine Strecke von 10 bis 30 Metern Länge an einem ruhigen, unbeobachteten Ort. Diese Strecke geht man dann eine zuvor gewählte Zeitspanne (5 bis 30 Minuten) langsam auf und ab.

Hier einige Tipps und Anregungen dazu

- Es ist für viele am Beginn hilfreich, mit einigen tiefen Atemzügen im Stehen Körper und Geist durch die Wahrnehmung des Atems zu beruhigen, um ganz im Hier und Jetzt anzukommen. Erst dann losgehen.
- Es ist gut, am Beginn ganz besonders langsam zu gehen, um so jede Phase der Bewegung des Körpers genau zu spüren.
- Natürlich kommen verschiedenste Gedanken und man wird von Gedankengeschichten weggezogen oder es kommen innere Kommentare wie: „So ein Blödsinn!", „Das ist langweilig!". Sobald man das bemerkt, lässt man diese Gedanken sanft los und fokussiert seinen Geist wieder von Neuem auf das Gehen. Immer und immer wieder kehrt man von den Gedanken sanft zurück zur Wahrnehmung des Gehens.
- Dazwischen – am Umkehrpunkt – ist es auch gut, manchmal innezuhalten, kurz aus der Gehmeditation auszusteigen und die Sinne auf die Wahrnehmung der Umgebung zu lenken: Geräusche, Farben, Formen, Temperatur, Gerüche. Dann fängt man wieder an. Schritt für Schritt.
- Es ist auch gut, einen Timer zu stellen und erstmal mit 5–10 Minuten zu beginnen.

Anregungen für Variationen

Manche finden es unterstützend, in Gedanken mit Worten den Vorgang zu begleiten:
- Auftreten (spüren, wie die Fußsohle den Boden berührt und das Gewicht des Körpers sich auf den Fuß verlagert) – Heben des anderen Fußes – Tragen nach vorne – Senken – Auftreten – …
- Man kann auch bei jedem Schritt mitzählen. Aber nur von 1 bis 8 und dann wieder bei eins beginnen. (Wenn man weiter hinaufzählt, besteht die Gefahr, dass man in ein zu mechanisches Zählen verfällt.)
- Man kann die Bewegung alternativ auch mit Bildern begleiten und sich vorstellen, dass bei jedem Hochheben des Fußes hinter einem wunderschöne Blumen aus der Erde wachsen.
- Friedliche Worte können jeden Schritt begleiten: „Friede", „Freude, „Loslassen", …
- Auch heilsame Wünsche können das Gehen begleiten: „Ich bin glücklich", „Möge ich glücklich sein", „Ich bin zufrieden", „Ich bin gesund", „Ich bin gelassen und unbeschwert", „Ich bin in Sicherheit und Frieden" …

Meditation im Stehen

Die Wahrnehmungen im Körper als Meditationsobjekt
- Finde einen guten, stabilen und sicheren Platz im Sitzen oder Stehen.
- Entspanne und fokussiere Dich durch einige bewusst tiefe Atemzüge.

- Konzentriere Dich 3–5 Minuten auf das Stirnchakra (Der Punkt zwischen den Augen, ca. 2–3 cm höher, auch „das 3. Auge" genannt.) Was spürst Du? Verändert sich etwas? Ist das Gefühl beim Einatmen und Ausatmen gleich oder unterschiedlich? Wie verändert sich Deine Körperhaltung?
- Konzentriere Dich 3–5 Minuten auf das Herzchakra (Der Punkt am Brustkorb genau in der Mitte zwischen den beiden Brüsten.) Was spürst Du? Verändert sich etwas? Ist das Gefühl beim Einatmen und Ausatmen gleich oder unterschiedlich? Wie verändert sich Deine Körperhaltung? Wie ist der Unterschied zu vorher beim Fokussieren des Stirnchakras?

Eine Felswand als Meditationsobjekt
- Finde einen guten, stabilen und sicheren Platz im Sitzen oder Stehen vor einer Felswand mit Blick auf die Wand.
- Entspanne und fokussiere Dich durch einige bewusst tiefe Atemzüge.
- Halte die Augen offen und erforsche nun die nächsten 5 Minuten intensiv die Oberfläche der Felswand: Ist der Stein rauh oder glatt? Welche Farben und Formen kannst Du erkennen? Sichst Du Muster? Kann man eventuell Gesichter herauslesen? Wie ist Deine Stimmung beim Ansehen der Felswand? Was verändert sich? Ändert sich das Licht?
- Schließe nun für die nächsten 5 Minuten die Augen und betrachte das innere Bild der Felswand. An welche Formen und Farben erinnerst Du dich? Wie ist das innere Bild der Felswand im Vergleich zum äußeren. Verändert sich dieses Bild im Laufe der Zeit? Ist es dunkler?

Die Energie eines Baumes bewusst spüren

Einen Baum zu umarmen klingt auch für mich fürs Erste etwas befremdlich. Von Bäumen geht jedoch eine ganz besondere Energie und Kraft aus. In der Nähe von sehr alten Bäumen werde ich oft ganz still und andächtig. Ist es diese so lange Zeit, die diese Pflanzen schon lebendig sind? Bäume stehen ja fest an einem Platz und wandern doch durch Raum und Zeit. Sie sind miteinander über die Erde in Kommunikation, über ihre Blätter und Äste in Verbindung mit der Luft und dem Himmel. Bäume hatten schon immer etwas Heiliges und auch Heilendes für Menschen, in allen Religionen sind dazu Geschichten zu finden.

- Suche Dir ganz bewusst einen Baum aus, zu dem es Dich hinzieht.
- Finde dort einen guten Platz für Dich. Betrachte den Baum, seine Blätter und seinen Stamm.
- Mache einige tiefe Atemzüge, um Dich zu erden.

Im Lorbeerwald auf Madeira

- Schließe die Augen, lehne Dich evtl. an den Baum an. Was spürst Du? Gibt es eine besondere Energie, die von diesem Baum ausgeht? Was löst das in Dir aus?
- Stelle dich aufrecht neben den Baum hin. Konzentriere Dich auf deine Atmung. Sei wie ein Baum: Stelle Dir vor, dass unter Deinen Füßen Wurzeln wachsen und Du damit tief mit der Erde verbunden bist. Spüre auch oben über Deinem Scheitel die Verbindung mit dem Himmel.
- Verweile einige Atemzüge. Denke Dir eine Linie, die durch Deinen Körper vom Himmel bis zum Erdmittelpunkt durchgeht, und spüre die Energie, die zwischen Himmel und Erde durch Dich strömt.

Viele der Übungen sind inspiriert von meiner langjährigen lieben Freundin, der Wanderführerin Christa Dornfeld aus Madeira. Diese verwendet sie unter anderem auch bei unserer Reise „Madeira: Yoga, wandern, meditieren mit Christa".

MEIN TIPP:

Wer sich für Meditation interessiert, dem empfehle ich, einen Kurs mit einer qualifizierten Lehrerin oder einem qualifizierten Lehrer zu besuchen. Wertvoll ist stets auch ein Austausch mit Gleichgesinnten. Seit 2015 existiert eine von mir mit-initiierte Meditationsgruppe in Graz, die sich regelmäßig trifft und auch Online-Möglichkeiten zur Teilnahme anbietet.

Auf www.buddhismus-im-alltag.at findest Du Ankündigungen zu Retreats, Seminaren und weiterführende Links.

Vertiefende Infos & Links

Blog über alles, was Sie rund ums Thema Wandern und Reisen wissen wollen. Von Ausrüstungstipps, Gesundheitsinfos bis hin zu persönlichen Reisetipps und Berichten: **www.wanderwissen.com**
Video-Tutorials über das Wandern, Ausrüstung und Reisen:
www.youtube.com/Weltweitwandern
Wanderreisen im In- und Ausland auf der Homepage meiner Firma „Weltweitwandern": **www.weltweitwandern.com**

Alpine Vereine
Alpenverein Südtirol (AVS): **www.alpenverein.it**
Club Alpino Italiano (CAI): **www.cai.it**
Deutscher Alpenverein (DAV): **www.alpenverein.de**
Naturfreunde Österreich (NF): **www.naturfreunde.at**
Österreichischer Alpenverein (ÖAV): **www.alpenverein.at**
Österreichischer Touristenklub (ÖTK): **www.oetk.at**
Schweizer Alpen-Club (SAC/CAS): **www.sac-cas.ch**

Wanderliteratur und Wanderführer
Die Fülle an Publikationen auf diesem Gebiet ist schier unerschöpflich. Hier eine Auswahl der wichtigsten deutschsprachigen Magazine:
Wanderlust: **www.wanderlust-magazin.de**
Wandermagazin: **www.wandermagazin.de**
Trekkingmagazin: **www.trekkingmagazin.com**
Outdoor: **www.outdoor-magazin.com**
Bergsteiger: **www.bergsteiger.de**
Bergwelten: **www.bergwelten.com**
Walden: **www.geo.de/magazine/walden**

Studie: Inwieweit ist Wandern Kopfsache?
www.alpenverein.at/bk/tagungsband_2016/

Haftungsausschluss

Ich hafte ausdrücklich nicht, wenn irgendeine der Informationen in meinem Buch nicht (mehr) korrekt ist oder sich Regeln, eine Telefonnummer, eine Website etc. geändert haben.

Das vorliegende Buch enthält von mir in 40 Wanderjahren zusammengetragene persönliche Tipps und Tricks. Obwohl ich alles nach bestem Wissen und Gewissen gesammelt und aufgeschrieben habe, gibt es bestimmt Lücken – beziehungsweise manche Tipps sind in manchen Situationen eventuell nicht sinnvoll, eventuell sogar gefährlich. Jeder Wandernde ist daher für sich selbst verantwortlich! Für die Inhalte von angegebenen Links und deren Aktualität kann ich keine Haftung übernehmen. Die Informationen in diesem Buch sind vom Letztstand Februar 2021. Ich freue mich über Kommentare/Rückmeldungen/Feedback/Anregungen per E-Mail: **christian.hlade@gmail.com**

Dankeschön

Ohne die Beiträge, das Wissen und die wertvollen Anregungen von vielen wichtigen Wegbegleiterinnen und Wegbegleitern wäre dieses Buch niemals zustande gekommen – vielen herzlichen Dank euch allen!

Mein großer Dank geht zuallererst an alle Menschen, mit denen ich im Laufe der letzten 40 Jahre gemeinsam ein Stück des Weges gegangen bin, ob beim Wandern in der Natur oder bei zahlreichen Projekten und Lebenswegen.

Danke an meine Ehefrau Carmen und meine drei wunderbaren Kinder Laura, Lino und Leo. Danke an unser toll eingespieltes „Weltweitwandern"-Büroteam, das mir die Zeitressourcen für das Schreiben ermöglicht. Danke vor allem meiner Assistentin Lisa Nussmüller für die vielen wertvollen Tipps und Anregungen. Danke an Christa Dornfeld, Gerald und Raimund Bretterbauer und dem Team der „Quinta dos Artistas" auf Madeira, in der ich wichtige Teile dieses Buches verfassen durfte. Am Schreibtisch mit der coolsten Aussicht der Welt! Danke an Margit Leuthold und Wolfgang Schober! Danke an das ganze Team des Braumüller-Verlags, insbesondere Bernhard Borovansky, Mauretta Hiller, Paul Haberfellner und Ines Flattinger. Danke auch den vielen anderen, die bei diesem Projekt mitgewirkt und mich unterstützt haben.

Ein besonderes Dankeschön an meine Gastautoren:

Bernd Haditsch, Dr., Facharzt für Innere Medizin, Vorsorgemediziner, UIAA-Diplom Alpinmedizin, UIAA-Diplom Wilderness- & Expeditionsmedizin, CRM-Zertifikat Reise- und Tropenmedizin, betreibt eine Ordination für Reise- und Expeditionsmedizin (TravelMedCenter im Ärztezentrum Prophy Docs in Graz), hält Vorträge für Laien- und Fachpublikum und genießt – mit Familie, Freunden oder allein – Sommer wie Winter das Wandern, Bergsteigen und Skitourengehen. **www.bergundreisen.at** (*Das Kapitel „Erste Hilfe" wurde unter Zuhilfenahme der von Dr. Wolfgang Hansel zur Verfügung gestellten Vortragsfolien „Alpine Notfallmedizin" verfasst.*)

Guenter Hupfer, staatlich geprüfter Lehrwart Bergwandern, OÖ Wander- und Schneeschuhführer, **www.insidethealps.com**

Christian Baumgartner, Prof. Dr., studierte Landschaftsökologie und ist Inhaber und CEO von Response & Ability. 1995 gründete er das respect-Institut für Integrativen Tourismus und Entwicklung. Er hat eine Professur für Nachhaltigen Tourismus an der HTW Chur

(Schweiz) inne und unterrichtet an mehreren weiteren Hochschulen in Europa und Asien. **www.responseandability.com**

Mabon Wunder, Dipl.-Ing, BSC, ist Diätologe und leitet gemeinsam mit seiner Frau, der Ärztin Lulit Wunder, in Graz ein medizinisches Zentrum für Stoffwechsel- und Ernährungstherapie. Sowohl Hobbysportler als auch Profi-Athleten schätzen seine modernen Ernährungsansätze am Puls der Zeit – ganz gleich ob gesunde Mischkost, vegan-vegetarisch, ketogen oder rohköstlich. **www.praxis-wunder.at**

Markus Kümmel, Mag., und **Oliver Jusinger,** den beiden Mitbegründern des Tourismusportals bergfex. **www.bergfex.at**

Gudi Sonderegger, Yogalehrerin in Graz und arbeitet als biomedizinische Analytikerin. Ihr Interesse für Buddhismus und Yoga kombiniert sie gerne mit Wandern und Reiseaktivitäten nach Nepal, Indien und Thailand. **www.yogagudi.com**

Christa Dornfeld, lebt seit mehr als 20 Jahren mit ihrer Familie auf Madeira und führt dort die Wandergruppen von Weltweitwandern. Sie kennt auf Madeira alle einsamen Schleichwege abseits von Touristenpfaden und weiß, wann und wo die schönsten Blumen blühen. **www.weltweitwandern.com**

Impressum

Bibliografische Information der Deutschen Nationalbibliothek
Die Deutsche Nationalbibliothek verzeichnet diese Publikation in der Deutschen Nationalbibliografie; detaillierte bibliografische Daten sind im Internet über http://dnb.d-nb.de abrufbar.
Alle Rechte, insbesondere das Recht der Vervielfältigung und Verbreitung sowie der Übersetzung, vorbehalten. Kein Teil des Werkes darf in irgendeiner Form (durch Fotokopie, Mikrofilm oder ein anderes Verfahren) ohne schriftliche Genehmigung des Verlages reproduziert oder unter Verwendung elektronischer Systeme gespeichert, verarbeitet, vervielfältigt oder verbreitet werden.

1. Auflage 2021
© 2021 by Braumüller GmbH
Servitengasse 5, A-1090 Wien
www.braumueller.at

Fotos: © Weltweitwandern.com
Andere Bezugsquellen: S. 28 Shutterstock/© gubernat; S. 36 US Geological Survey. National Geodetic Survey. [Public domain]; S. 38 Shutterstock/© wavebreakmedia; S. 48 Free Images/© krazye; S. 49 oben: Shutterstock/© francesco cepolina, unten: Shutterstock/© CE Photograph; S. 50 oben: Shutterstock/© Toa55 unten: Shutterstock/© Somyot Malingam; S. 51 oben: Shutterstock/© francesco cepolina, unten links: Shutterstock/© francesco cepolina, unten rechts: Shutterstock/© Lamax; S. 52 Shutterstock/© vololibero; S. 53: Shutterstock/ © Matej Rumansky; S. 55: Shutterstock/©cihanyuce; S. 57/58 © bergfex.at; S. 88 Shutterstock/© Von vitaliy_73; S. 90/92 © Exped; S. 93 © Mountain Equipment; S. 96 Shutterstock/© FanThomas; S. 98/99/102 © Vaude; S. 104 © Lowa; S. 108 © Vaude; S. 109 © Black Diamond Equipment; S. 114 Shutterstock/© Zapylaiev Kostiantyn; S. 161 © Deuter; S. 173 © FreeImages/ Adam Ciesielski; S. 184 Shutterstock/© patrickdifeliciantonio; S. 192 Shutterstock/© taviphoto; S. 201-208 © Braumüller Verlag

Druck: EuroPB, Dělostřelecká 344, CZ 261 01 Příbram
ISBN 978-3-99100-323-6